追跡・鹿児島県警
闇を暴け！

ニュースサイト　ハンター　編

南方新社

はじめに

ハンターが初めて鹿児島県のことを取り上げたのは、サイトを立ち上げた二〇一一年の秋。県が地元の声を無視して薩摩川内市で整備することを決めた、管理型産廃処分場の不透明な事業経過を追及する記事だった。同時進行で取材を進めて記事にしたのが、強引に進められた鹿児島市松陽台における県営住宅建設問題。いずれの事案も、ハンターの情報公開請求に対し、県が開示するか非開示にするかの決定自体を拒否するという前代未聞の対応を行ったことで、疑惑が深まる展開となった。

設計の甘さから一〇〇億円にのぼる公費投入を余儀なくされた管理型処分場と、県住宅供給公社の失敗を穴埋めするために事業化された無駄な住宅建設は、戦後二例目となった県知事リコールの対象となる。しかし、地元メディアは沈黙。ハンターの〝ひとり旅〟だった。

そして二〇二四年、鹿児島県警の事件もみ消し・隠ぺい疑惑が社会問題化する。発端となったのは、二〇二一年に起きた県医師会の男性職員による強制性交事件。鹿児島県の知人から「性被害に遭って苦しんでいる女性がいる。助けてやれないか」という相談が来たことで、翌二二年からその事件と向き合うことになったハンターは、同年三月に一回目の記事を配信。再び始めた鹿児島での〝ひとり旅〟では、五〇件以上の関連記事を配信することで医師会や県警と対峙してきた。結果的に、国家権力である警察組織から報復を受ける形でいわれなき家宅捜索（ガサ入れ）を受けることになったが、報道姿勢に誤りはなかったと確信している。

被害者の主張も聞かないうちから、「合意に基づく性行為だった」と喧伝し、強制性交を否定し続けている県医師会。男性職員の父親が県警の警部補だったことから、強制性交の告訴状を提出しようとした被害女性を門前払いにした挙句、国会で追及され、一年半後にようやく送検した県警。そして、ろくに調べもせず「不起訴」という処分を下した無能な検察――。この間、地元メディアは一切動かず、県医師会が会見で発表した「合意に基づく性行為」を見出し付きで報じるという体たらくだった。権力の監視どころか、医師会や県警に迎合するような情報しか発信してこなかった地元メディアの責任は決して軽くない。

今になって県警不祥事を追及する〝格好〟だけつけているが、情報漏洩の捜査が進められている最中に、「捜査関係者によれば」と取材源を警察であることを示した〝捜査情報〟をたれ流すという愚行を重ねる始末だ。私は以前から、こうした連中を「権力の飼い犬＝ポチ」と呼んでいる。ハンターが〝ひとり旅〟になる背景に、権力と一体化した地方のメディアの現状がある。

もし、医師会の男性職員による強制性交事件が東京や福岡で起きていたら、たいていのメディアは「人権侵害」「不当捜査」とみて報道していたはずだ。その点を鹿児島メディアがしっかり報じていれば、「告訴・告発事件処理簿一覧表」という県警内部の文書が、ハンターの手に渡ることはなかったし、二人の警察関係者が権力側の作り上げた「情報漏洩」という虚構によって逮捕・起訴されるという事態も起きなかっただろう。二件の公務員法違反事件は、人権意識を欠く、頼りない地元メディアの不作為が引き起こしたと言っても過言ではあるまい。

情報漏洩があったとして逮捕・起訴された元生活安全部長の内部告発によって、霧島署員による二件のストーカー事件や枕崎署員の盗撮、さらには幹部警察官による公金詐取が白日の下に晒されることになった。元生活安全部長の行為は明らかな公益通報だが、県警は処理簿一覧表の流出という別の事件の関連捜査によって押収したハンターのパソコンから告発文書を見つけ出し、元生活安全部長を割り出して立件するというとんでもない手法で「正義」を潰しにかけた。

だが、〝天網恢恢疎にして漏らさず〟。県警の定例会見や県議会総務警察委員会での質疑から、次々に新事実が飛び出した。強制性交事件の「門前払い」を「受け渋り」という言葉で認めたかとおもえば、ストーカー事件の証拠となる防犯カメラ映像を消去していたなどという証言さえ出た。もみ消し、隠ぺい、証拠隠滅と、犯罪組織のやりそうなことを警察がやっていたというのだから開いた口が塞がらない。

強制性交事件に関する一連の記事は、気付けば一冊の本になるほどの分量になっていた。〝ひとり旅〟の記録でもある。「こんなひどい話はない。出版しましょう」と声をかけてくれた南方新社の向原祥隆社長とは、川内原発を巡る記事を書いてきた関係で古くからの知り合いだ。改めて感謝申し上げたい。

二件の内部告発事件によって注目が集まり、強制性交事件やストーカー事件の見直しが進む状況となった。多くの心あるジャーナリストが鹿児島県警を巡る問題を取り上げ、西日本新聞取材班は一つひとつの事件をていねいに掘り下げ、報じてくれている。どうやら、「ひとり旅」は終わりを迎えたようだ。

二〇二四年九月一日

ニュースサイト　ハンター記者・中願寺純則

追跡・鹿児島県警　闇を暴け！　——目次

はじめに　3

第一章　鹿児島県医師会男性職員による強制性交事件　13

コロナ療養施設で男性職員が性行為（2022・3・8）　14
「合意があった」で職員擁護の医師会長（2022・3・10）　15
性行為、常任理事も「合意があった」（2022・3・14）　18
郡医師会長、わいせつ事案「よくあること」（2022・3・16）　20
【音声データ公開】女性の人権無視（2022・3・22）　21
医師会長に県が怒りの来庁結果開示（2022・3・30）　24
県医師会の対応に知事も県議会も「NO」（2022・4・22）　28
県医師会役員が〝謝罪〟を否定（2022・4・28）　31
踏みにじられた性被害女性の人権（2022・5・18）　35
県医師会がなくした「仁」（2022・5・31）　40
県医師会「池田会長発出文書」の欺瞞（2022・6・30）　43

第二章　鹿児島県医師会「調査委員会」　47

県医師会「調査委員会」の欺瞞（2022・7・7）　48
県医師会、「人権無視」の記者会見（2022・10・24）　50
【新事実発覚】県、県医師会に不同意通告（2022・11・1）　53

【速報】県医師会男性職員が退職（2022・11・4）58
県医師会、常習ハラスメントを隠蔽（2022・11・8）59
議事録に見る報告書ねつ造の可能性（2022・11・18）63
「罪状」認めた男性職員の文書画像（2022・11・25）69
認識されていた「強制性交」（2022・12・2）74

第三章　男性職員の父親は元警察官

77
男性職員の父は元警官（2023・1・20）78
国会「複数回で合意あった」を国が否定（2023・3・9）81
塩村あやか参院議員の国会質疑詳細（2023・3・28）83
【速報】県警が元職員を事件送致（2023・6・9）89
強制性交事件「検察庁送致」の背景（2023・6・12）90
【速報】県警幹部が不当な捜査指揮（2023・10・13）92
県警、腐敗の証明（2023・10・25）94
「強制性交」「ストーカー」（2023・10・30）98
県警の不当捜査、検察も追認（2024・1・12）100
【速報】県警、捜査情報漏洩を公表せず（2024・1・22）101
税金泥棒「鹿児島県警」の狂態（2024・2・27）103
【速報】強制性交事件と情報漏洩で箝口令（2024・3・8）105
【速報】県警が強制性交事件の資料改ざん（2024・3・14）107
疑われる県警と県医師会の「共謀」（2024・4・8）110

県医師会幹部がねじ曲げた事件の真相（2024・4・17）113

第四章　前代未聞の報道弾圧、噴出する隠ぺい事件　119

「情報漏洩」の真相1　盗撮事件、幹部が「静観」指示か（2024・6・6）120
「情報漏洩」の真相2　「巡回連絡簿悪用」も隠蔽か（2024・6・7）121
「情報漏洩」の真相3　公金詐取と「刑事企画課だより」（2024・6・8）123
県警の報道弾圧に抗議する（上）（2024・6・11）126
県警の報道弾圧に抗議する（下）（2024・6・12）130
【速報】県医師会側に捜査情報を漏らす？（2024・6・18）132
「強制性交事件」被害者が初のコメント（2024・6・21）133
県警、破綻した組織防衛の弥縫策（2024・6・24）135
霧島署員ストーカー事件1　消された処理票データ（2024・7・17）137
霧島署員ストーカー事件2　消えた防犯カメラ映像（2024・7・18）145
霧島署員ストーカー事件3　頻発した「隠ぺい」の背景（2024・7・19）150
霧島署員ストーカー事件4　被害女性との一問一答（2024・7・24）155
「警察一家」最優先、女性は守らぬ鹿児島県警（2024・7・30）159
県議会総務警察委員会、自民議員と県警の茶番（2024・8・1）163
強制性交事件に新事実、中央署「門前払い」の真相（2024・8・2）167
霧島ストーカー事件に「志布志事件」の影（2024・8・5）171
〝隠ぺい疑惑〟の幕引きは許されない（2024．8・6）175

凡例

・本書は、ニュースサイト　ハンター　ＨＵＮＴＥＲに掲載された記事をもとに構成する。

・単行本化に当たって、若干の字句の修正を行った。

・小見出しの後の日付は、ハンター掲載日である。

・強制性交事件の被疑者である鹿児島県医師会男性職員は、二〇二二年一〇月末に退職したが、その後も男性職員と表記した。

・鹿児島県医師会長池田琢哉氏は二〇二四年六月一五日退任したが、会長と表記した。

・県医師会、県警との表記は、全て鹿児島県医師会、鹿児島県警である。

第一章　鹿児島県医師会男性職員による強制性交事件

コロナ療養施設で男性職員が性行為
（2022・3・8）

二月中旬、鹿児島県が新型コロナウイルスの感染者を療養させるため提供しているホテルなどで、鹿児島県医師会から派遣された男性職員が女性スタッフに不適切な性的行為をしていたことが発覚。地元紙南日本新聞などが事案の概要を報じた。

県民の命を守るという崇高な使命を帯びた事業の委託先として、県や県民の期待を担った医師会の人間が、仕事の現場で性的行為にふけったというおぞましい出来事。県の新型コロナ対策事業に対する信頼を失墜しかねない事態だが、謝罪と説明責任を果たすべき立場の医師会内部で、事の本質を忘れたかのような方向違いの議論が行われていることが分かった。前代未聞の「事件」について、シリーズで検証する。

「事件」の概要

複数の関係者の証言によると、鹿児島県医師会の男性職員による不適切なわいせつ行為が行われたのは、二〇二一年八月から九月までの間。最初は、新型コロナ療養施設に指定された鹿児島市内のホテルに用意された医師会職員用の部屋で、背後から抱きしめたりキスを強要したりといった行為だったものが、職務上の接触が重なるたびにエスカレート。わいせつ行為は一線を超えるまでになっていった。

女性スタッフはその度に抵抗したが、相手の巨体と力の前になすすべなく、恐怖もあいまって固まった状態になっていたという。

女性スタッフの異変に気付いた勤務先の同僚が、事情を聞いて「事件」が発覚。女性スタッフは鹿児島県警に告訴状を提出し、県警はこれを受理している。

問題点は……

初めに断っておくが、この件の最大の問題は、県民の生命を守るため税金を投入して新型コロナ感染者を療養させるという重要なミッションの現場で、「医道の高揚、医学及び医術の発達並びに公衆衛生の向上を図り、社会福祉を増進すること」（日本医師会ホームページより）を目的とする団体の職員が、業務期間中に性的行為を行っていたということ。これは、県民の信頼や期待を裏切る行為であり、民間企業なら懲戒解雇となるのが普通だろう。仕事の最中にわいせつ行為を繰り返す社員を、容認して雇い続ける企業があるはずがない。性行為に「合意」があったか、なかったかには関係なく、医師会職員の行動そのものが問題なのだ。

生ぬるい鹿児島県の対応

新型コロナの療養施設内で、患者の命を守るという使命を負った医療関係者が性的行為――。県民の信頼を失いかねない暴挙に、県の担当者も戸惑いを隠さない。

鹿児島県くらし保健福祉部健康増進課新型コロナウイルス感染症対策室は七日、ハンターの取材に対し「県医師会に対し事案の詳細な内容を調査し、迅速に報告するよう求めた」とコメントするのが精一杯。それ以上の話はできないとして、踏み込むことを避けた。生ぬるい対応と言うしかない。

県民からすると「新型コロナの療養施設で、なんてことしてるんだ」というおぞましい事件。患者がいる施設内に派遣した職員が、性的行為に及んでいたことを医師会側が認めている以上、現時点で厳しい姿勢をみせて当然だろう。県は医師会側の調査結果を待つというが、医師会内部の調査には限界がある。そもそも、医師会職員のわいせつ行為については既に告訴状が出されて刑事事件になっており、捜査結果や、場合によっては法廷での決着をみるまで真相は分からないのだ。「調査結果を待つ」などと悠長なことを言っている場合ではなかろう。

最初に断ったように、この事案の最大の問題点は、複数回のわいせつ行為が発覚した時点で明確になっている。業務期間中に、性交渉を持つなどというハレンチ行為が許されるはずはなく、当該業務が公金投入された人命にかかわるものであるならなおさらだ。

では、派遣した職員の行為について、県民の信頼を裏切ったかたちの鹿児島県医師会はどのような対応をしてきたのか？　取材したところ、世間の一般常識から大きくかけ離れた医師会上層部の姿勢が、浮き彫りとなる。

「合意があった」で職員擁護の医師会長
(2022・3・10)

新型コロナウイルス感染者の療養施設として鹿児島県が提供したホテルなどで、二〇二一年八月から九月にかけ、県医師会から派遣された男性職員が女性スタッフに不適切な性的行為をしていたことが発覚した。決して容認できない患者そっちのけのハレンチ行為であり、医師会の管理責任が問われて当然の事態だが、二月の事件発覚から今日に至るまで県医師会は沈黙したまま。県民に対する組織としての謝罪はなく、今後の方針も示されていない。

動きの鈍さに疑問を抱いて取材したところ、医師会上層部に、謝罪どころか議論のすり替えを行って責任問題をうやむやにしようという動きがあることが明らかになった。

県医師会長――「合意」主張し責任認めず

前回、八日の配信記事で述べた通り、この件の最大の問題は、県民の生命を守るため税金を投入して新型コロナ感染者を療養させるという重要なミッションの現場で、医師会の職員が、業務期間中に性的行為を行っていたということ。コロナ患者が不安の中で過ごしていた療養施設の中で、こともあろうに医療関係者が、性的行為に精を出していたというのだから開いた口が塞がらない。民間企業なら即刻クビ。県から施設運営を任された県医師会に、監督責任があるのは当然だろう。

しかし、取材の結果、県医師会の上層部には責任意識も、規範意識もないことが分かってきている。記者はまず県医師会トップの池田琢哉氏に電話取材したが、信じられない暴論を聞かされることになった。以下はその概要である。

――先日、南日本新聞に報じられた件でお尋ねしたい。関係者の一部から「合意があったから問題ない」という話が出ているが？

池田会長　はいはい。

――池田会長が県に出向かれて、合意があった話だと説明されたと聞いているが？

池田会長　誰が？

――池田先生が、だ。事実か？

池田会長　合意というか、数回に渡って……（性行為が）あるわけですね。だから、数回もあって強姦（強制性交）ってのは、あり得ないね。

――それを県に説明したのか？

池田会長　ええ、ええ。そうです。

――そうすると、合意があったという話は、十分信用ができるということか？

池田会長　いや、それは、まあ、僕には、言えないけども。強姦（強制性交）なんて普通一回あって、そして、すぐこれは大変だっていうことで、訴えるわけだ、これ。そうじゃなくて、一回だけじゃなくて、数回あったわけですから。えー、そういうこと（強制性交）はちょっと考えられない。

――考えられない、ということを県に説明をしたと？

池田会長　ええ、数回あったってことは（説明）してあります。

実は、県医師会内部で、池田会長を含む上層部の一部が、「性的行為には合意があったから問題ない」という問題の本質を歪めた主張を行っているという情報があった。しかし、重ねて述べるが、性的行為に合意があったか、なかったかは警察の捜査で明らかにされるべきこと。裁判になれば、法廷で決着がつけられる話だ。真相に関係なく、医師会の男性職員が不埒な行為に及んだことにかわりはなく、いかなる理屈を並べても管理責任は医師会にある。池田氏の主張は、責任回避のための議論のすり替えに過ぎない。

——合意があったか、なかったかはわからない。問題は、人の命を守るという崇高な使命を負った事業を任された医師会の人間が、患者のいる施設の中で性行為を行ったということ。医師会に管理監督責任はないのか？

池田会長　誰にですか？

——医師会に、だ。

池田会長　それは、調査委員会で、まあ調査している最中ですので。

——合意があったからといって言い逃れすることはできない。

池田会長　そっちで判断するのはおかしいじゃないですか。それ。

——合意があったのかどうかという話ではなく、まず医師会として、こういう職員を出して県民に大変不信を与えた、ということへの謝罪があって然るべきだと思うが、それは間違いか？

池田会長　それは、間違いです。

——どこが間違いか？

池田会長　要するに、ええっと、あのー、なんて言うか、男女関係ですよね？

——男女関係だが、やっていい場所と悪い場所がある。療養施設はラブホテルじゃない。

池田会長　そりゃそうだけど、それはぜんぜん、我々は、知ってたら対応しますよ。

——性行為自体がとがめられてるわけで、合意があったかなかったかについて、ハンターとしてどうこう言うつもりはない。

池田会長　だけど、それがね、すぐ、その県の医師会に責任があるんだってことはおかしいと思うんだけど。

——繰り返すが、合意があったかなかったかは別の問題。問題は、県の事業である新型コロナウイルスの療養施設で、性行為があったということが、不埒な振る舞い、不正な振る舞い、不適切な振る舞いだと申し上げている。それを認めないつもりか？

池田会長　……。いや、そりゃー。

——認めない？

池田会長　あの、二人が、わかんないですけど、愛し合っていたら、わかんないですね。

――では聞くが、愛し合っているものを刑事告訴するのか？

池田会長　いや、そりゃ、だけど。本人が本当に、だけど、その、なんて言うか、普通告訴やったら、強姦（強制性交）されたから、告訴するはずでしょ？

残念なことに、池田氏との話は平行線。最後まで噛み合わなかった。性行為の「合意」の有無にこだわる池田氏の考え方は、「合意はなかった」として刑事告訴した女性の立場や思いを無視した暴論であり、事の本質を歪めるための強弁としか思えない。

池田氏からは「（ハンターは）一方的な取材で、筋道を作って、一方的に報道する」という厳しいご批判を頂戴したが、間違いを間違いだと指摘し、追及するのがハンターの使命であるとお断りしておきたい。その上で申し述べる。新型コロナの療養という重要施策を汚しておきながら、責任回避のために被害女性の名誉まで傷つけているとしたら、鹿児島県医師会の責任はいよいよ重いものになる。

性行為、常任理事も「合意があった」（2022・3・14）

鹿児島県が指定した新型コロナウイルスの療養施設などで、県医師会の職員が女性スタッフにわいせつ行為を行っていた問題を巡り、同会の役員が二月に開かれた会議で男性職員の言い分だけを一方的に発表し、「合意の上での性行為」だったと結論付けていたことが分かった。事件を受けて医師会が立ち上げた調査委員会での議論を前に、組織内部に予断を与えた格好だ。

ハンターの取材に「複数回の性交渉は合意があった証拠」といった趣旨の発言をした県医師会・池田琢哉会長の主張と重なる内容で、療養していたコロナ患者や性被害を訴えている女性スタッフのことを軽んじる動き。規範意識を欠いた県医師会上層部の姿勢に、内部からも批判の声が上がる状況となっている。

「合意」にこだわる常任理事

問題の発言を行ったのは、県医師会の常任理事。同理事は今年二月二二日に開かれた県医師会郡市医師会長連絡協議会（以下、「会議」）の席上、医師会の聴取を受けた男性職員の「合意の上での性交渉」とする主張を、約一〇分間にわたって一方的に発表していた。

その内容は、あたかも女性スタッフ側から積極的に接触したかのような印象を与えるもので、「男性職員から聞き取った内容が、（女性スタッフ側の主張を軸にした）新聞報道とかけ離れている」と明言、「合意はなかった」として刑事告訴した女性スタッフの言い分を真っ向から否定する内容だった。現段階で、医師会による女性スタッフへの聴取は実現していない。

常任理事は、池田氏が会議の冒頭で話した「性交渉が五回で、すべて合意のもとであった」を前提に据えた上で、男性職員が陳述したという女性スタッフとの出会いから最後の性交渉までの経過を、事細かに説明。女性スタッフを派遣した医療法人の代表者が、男性職員に女性や法人に対して慰謝料請求したことでその職員が体調を崩した、などとして性行為を行った職員を庇うような発言を行っていた。

常任理事は一二日、会議での発言内容について確認を求めたハンターの電話取材に対し、「合意のあるなしにかかわらず、男性職員の行為が良くないものであることは認める」とした上で、「（残された記録から）強制性交でないことは明らか」「相手の女性が医師会側の聴取に応じない」などと女性スタッフを批判。「医師会として近く会見を開き、今回の件についての何らかの調査結果を公表する必要がある。医師会としての責任は認めるが、（事件を報じた）南日本新聞の記事は女性側の言い分だけを書いた一方的なもの。男性職員の話はまったく違っており、残された証拠からも合意があったことは明らか」と反論した。

記者とのやり取りの中で常任理事は、女性スタッフの勤務先から厳しい追及を受けた男性職員が精神的に追い詰められ「自殺しかねない状況」だったと職員を庇う。しかし、男性職員を訴えた女性スタッフの心情はどうなのかという点については、一切斟酌なし。〝医師会の聴取に応じない方が悪い〟という姿勢だ。ここまでの問答には、新型コロナの療養施設で静養していた患者が、この事件をどう見るかという肝心な話は出てこなかった。

問われる「調査委員会」の意義

〝合意に基づく性行為〟を喧伝する県医師会の池田会長や常任理事の姿勢は、問題の本質を無視する歪んだ組織体質の象徴だ。一連の男性職員擁護発言は、事件を受けて自分たちが立ち上げた「調査委員会」の議論を縛ることになる。目的が、当事者男性と医師会の責任を軽くすることにあるとみなされても仕方があるまい。

県医師会は事件を受けて、三つの組織を立ち上げている。

まず「調査委員会」で事件の詳細を検証し、次に調査結果に基づき「懲罰委員会」で男性職員の処分について検討、組織として過ちを繰り返さないよう「再発防止等改善検討委員会」でも議論するのだという。

だが、医師会上層部の会議で、会長や常任理事が「合意があった性行為」と断定してしまえば、調査委員会のメンバーに予断どころか「結論」を与えたも同然。始まる前に調査委員会の方向性を決めた格好になっている現状は、明らかに公平性を欠く。ガバナンス上の問題が指摘されるだけでなく、組織の自浄作用の有無が問われてもおかしくあるまい。

鹿児島県医師会の上層部は、〝県民の生命を守るため税金を投入して新型コロナ感染者を療養させるという重要なミッションの現場で、同会の職員が業務期間中に、患者そっちのけで性的行為を行っていた〟ということの重大性を理解していないのではないか――。さらに取材を進めるうち、郡市医師会長会議に出席していた別の医師会幹部が、とんでもない発言を行っていたことが明らかとなる。

郡医師会長、わいせつ事案「よくあること」

（2022・3・16）

新型コロナウイルス感染者の療養施設として鹿児島県が提供したホテルなどで県医師会の男性職員が女性スタッフに不適切な性的行為をしていた問題を巡り、先月開かれた医師会内部の会議で同会の幹部が、「よくあること」「話題になったのは一瞬」「あまり大きな問題ではない」などと事件を過少評価する発言を行っていたことが分かった。

県医師会の池田琢哉会長や常任理事が主張している「合意に基づく性行為」に沿った発言で、療養中だった患者や「被害」を訴えている女性スタッフへの配慮は皆無。責任を軽くしようと目論む県医師会上層部の、歪んだ姿勢を象徴する事実と言えそうだ。

問題の発言が飛び出したのは、先月二二日に開かれた県医師会の「郡市医師会長連絡協議会」の席上。発言したのは大島郡医師会の会長だった。会議の中で同氏は、池田会長の「（男性職員によると）昨年八月下旬から九月上旬にかけて当該医療機関と宿泊療養施設内で複数回行為を行った。そのうち、性交渉が五回で全て合意の基であった」との報告を受ける形で、次のようなことを述べたという。

・「降って湧いたようなことで、非常に驚いた」
・「そういうことは、よくあること」
・「大島郡の医師会では、驚いたが一瞬」
・「みんなも似たようないい加減なことを経験している」

・「新聞に出たときも話題にならなかった」
・「いきなり強制性交だと怒鳴り込んでくる○○○（女性スタッフが勤務する法人の代表者）も○○○。人騒がせ」
・「○○○（女性スタッフが勤務する法人の代表者）の行為は、脅迫行為。○○○を告訴」

発言の中で信頼回復の重要性にも言及したというが、男性職員擁護を続けている池田医師会長や常任理事と同じ考え方に立っていることは明らか。「よくあること」「新聞に出たときも話題にならなかった」との発言からは、事件の矮小化を狙っているとしか思えない県医師会の思惑が透けて見える。

郡市医師会長連絡協議会での発言内容に間違いはないか？ハンターの電話取材に答えた大島郡医師会の会長は、「『よくあること』と言ったのは確かだが、それは、その手の問題はよくあること、よろしくない、という意味」と説明、「『人騒がせ』という発言はしてません」と一部を否定している。

前後を含めて発言の流れを確認してみたが、大島郡医師会の会長の発言が池田氏や常任理事による男性職員擁護に沿ったものであるのは確か。あらためて、県医師会の規範意識が問われる状況だ。

問題の郡市医師会長連絡協議会の最後には、県医師会を間違った方向に導こうとする池田会長の「指示」が出ることになる。

【音声データ公開】女性の人権無視（2022・3・22）

新型コロナウイルス感染者の療養施設で県医師会の男性職員が女性スタッフに不適切な性的行為を繰り返していた〝事件〟について議論が交わされた会議で、鹿児島県医師会の池田琢哉会長は、こう締めくくった。

「今日あったこういう情報をですね、ある程度かみ砕いて伝えていただければ、現状はこうなんだよということをですね、伝えていただければ、個人情報とかそういうのは絶対ダメですけれども、そういうのを除いてですね、伝えていただければありがたいなと思います。正式には、ちゃんとまとまった時点でわたしどもから発信していきたいなと思っているところです」

池田会長が言う「こういう情報」とは、男性職員のわいせつ行為が「合意に基づくもの」で、「新聞報道とはかけ離れている」ということ。残念ながら「こういう情報」の中には、男性職員がコロナ患者そっちのけで不埒な振る舞いに及んでいたことについての県民への謝罪や反省は皆無だった。
ハンターは、池田会長はじめ医師会幹部による非常識な発言が飛び出した「鹿児島県医師会郡市医師会長連絡協議会」の録音データを独自に入手。「医師会の幹部ともあろう者たちが、本当にハンターの記事にあるような発言を行ったのか？」という疑問の声に答えるため、これまで報じてきた問題発言の該当部分を、抜粋して公開する。

池田会長の「合意」発言

二月二二日に開かれた「郡市医師会長連絡協議会」の冒頭、池田会長は、問題を起こした男性職員の〝事件〟についての言い分を披露する中で次のような発言を行っていた。

「本人（医師会職員）によりますと、昨年八月下旬から九月上旬にかけて当該医療機関と宿泊療養施設内で複数回、行為を行った。そのうち、性交渉が五回で、すべて合意のもとであった」（音声データあり。https://news-hunter.org/?p=11367　を参照。以下同じ）
「まあ、ちなみに本事案は短時間の間になされて数回性交渉が行われていることは双方の代理人弁護士の主張からも明らかで、強姦とは言い難いと思います」（音声データあり）

大島郡医師会長の「よくあること」発言

会議をリードしたのは池田会長、常任理事、大島郡医師会の会長の三人。大島郡医師会の会長は「合意説」に賛同し、「よくあること」「話題にもならない」「人騒がせ」などと事件の矮小化を図っていた。

「降って湧いたようなことで、非常に驚いたと思います。まあ、そういうことはよくあることですよね。それ以上のこと、それ以下のこと、医師会病院あるいは大抵はお金にまつわる話ですけどね。ですから、新聞記事をですね、ちょうど定例の医師会がありまして新聞記事が話題になったんですけど、みんな驚きはしましたけど、一瞬でしたね。それはみんなもそういう似たようないい加減なことを経験しているか……。月曜日にも医師会病院運営委員会がありましたけれども、もうその時はそういう話題は一切ありませんでした」（音声データあり）
「そういうことでいきなり強姦だと怒鳴り込んでくる理事長も理事長ですけどね……。なんていうかその、人騒がせというんですかね……」（音声データあり）

常任理事が「合意説」を補強

問題の性行為が「合意」に基づくものだったと一方的に断定する池田氏。常任理事は、これに同調し、さらに補強する形で約一〇分間、医師会による男性職員への聴取内容をこと細かに公表した。下が、発言のさわりである。

「調査委員会の委員としてですね、我々が聴取した当医師会A氏の聞き取り調査結果をちょっと、まあ、会長が先ほどお話された通りなんですけど、もう少し詳しくお話したいと思います。なお、個人情報の保護がありますので、全ての人物をアルファベットで述べさせていただきます。この聴取はですね、弁護士を含めたり、複数回聴取しております。私が初めてこの事件を知ったのは会長がおっしゃった通り一月の一一日でした。その理事長、X理事長としますけど、会長にお会いになられてですね、その後会長から明日からさっそく詳細を調査するという言葉が出ました。そこからですね、時間がかかったんですど、これは、まあ、あの、なぜかというとですね、我々が聴取した内容が、新聞報道とあまりにもかけ離れていたということです」（音声データあり）

常任理事の発言の直後、再び大島郡医師会の会長が口を開く。今度は、被害を受けた女性スタッフの雇用主に対するいわれのない誹謗・中傷だった。

「今ね、詳細をあの、報告ありがとうございました。まあ、あの、多分これ（慰謝料請求）は脅迫行為ですよね。もしこれが本当であればね。明らかな脅迫行為。うん、やっぱり違法行為。まあ、しかし、私が言いたいのはですね、やはり先ほど言ったように、大きく食い違うわけですよね、これ」（音声データあり）

池田会長の狙いは「合意説」の拡散

会議の冒頭で池田氏が「合意説」を披露。大島郡医師会の会長と常任理事が会長の主張を裏書きし、本題のすり替えを行った格好だ。県医師会の方向性を決めたという「歪んだ構図」が浮かび上がる。ここでいう「本題」とは、これまで度々述べてきた通り、県民の生命を守るため税金を投入して新型コロナ感染者を療養させるという重要なミッションの現場で、医師会の職員が、患者そっちのけで業務期間中に性的行為に走っていたことの是非。問われているのは、「合意」があったかなかったかではなく、県民の信頼や期待を裏切る行為に対する医師会の姿勢なのだ。しかし、池田医師会長は、会議の最後に本当の狙いを吐露していた。

「今日あったこういう情報をですね、ある程度かみ砕いて伝えていただければ、現状はこうなんだよということをですね、伝えていただければ、個人情報とかそういうのは絶対ダメですけれども、そういうのを除いてですね、伝えていただければありがたいなと思います」（音声データあり）

〝医師会の職員が新型コロナの療養施設で性的行為に及んだが、「合意」があったから大した問題ではない〟――。これが県医師会の会長の考え方なのだ。患者も女性の人権も無視。では、県民は、あるいは療養施設にいた患者は、この〝事件〟についてどう思っているのだろうか？

医師会長に県が怒りの来庁結果開示（2022・3・30）

新型コロナウイルス感染者の療養施設で鹿児島県医師会の男性職員が強制性交の疑いが持たれる行為に及んでいた問題を巡り、同医師会の池田琢哉会長が県に対し、性交渉が複数回あったという男性職員の言い分だけを申し立て、「強姦といえるのか、疑問」「（警察からは）事件には該当しないと言われている」などと発言していたことが分かった。池田氏の発言は県への情報公開請求で入手した文書に明記されていたもの。わいせつ事案が表面化した背景に、県医師会の会長選挙があるとの見方まで示しており、問題のすり替えや事件の矮小化を図る狙いがあったとみられる。

男性職員の一方的な〝言い訳〟を開陳する一方、県から委託を受けた医療の現場で、医師会の職員が不適切な行為を行ったことへの謝罪や反省は皆無。コロナ患者や女性の人権をそっちのけで、自分たちの責任を軽くしようとする非常識な姿勢に、改めて批判の声が上がりそうだ。

報道前、事件の矮小化狙ったが……

ハンターは二月末、鹿児島県に対し、コロナ対策のために県医師会に委託した療養施設の運用に関する文書や、池田医師会会長の来庁時の説明などを記録した文書を開示請求。県は今月一五日付けで、県医師会との業務委託契約関連文書や医師会会長の来庁時の記録など一三三枚を開示した。開示された文書のうち、最も重要なのが「県医師会池田会長の来庁結果について」と題する記録である。（＊文書は次頁。黒塗りに重ねた白文字の文言は、ハンターの記者が取材で得た事実をもとに、推測される語を記入した。）

取扱注意

令和４年２月１０日
くらし保健福祉部

県医師会池田会長の来庁結果について

１　来庁概要

⑴　日　時　令和４年２月１０日（木）１１：３０～１２：００

⑵　場　所　くらし保健福祉部長室

⑶　相手方　県医師会　池田会長，[redacted]

⑷　当　方　くらし保健福祉部　谷口部長，伊地知次長

⑸　池田会長の説明概要

・　医師会職員（Ａ）について，いろいろな噂話が流れていることから，県に現状を説明に伺った。

・　１月１１日に[redacted]から私と副会長に対して，Ａが[redacted]強姦したとの話があった。場合によっては[redacted]という内容だった。

・　調べてみると[redacted]強姦といえるのか，疑問。行為は，（宿泊療養施設[redacted]において）[redacted]複数回と聞いており，強制的であったのかどうか。

・　勤務時間外と聞いている。

・　[redacted]に事実を教えてほしいと文書で依頼したが，[redacted]などの内容であった。

・　医師会は，会長と両副会長で対処してきたが，事務局長と次長，担当課長と顧問弁護士で組織する調査委員会を設けたところ。[redacted]調査委員会がＡとＡの代理人弁護士から詳しい話を聞く予定。

・　相手方[redacted]にも話を聞かせてほしいとお願いしているが，実現できていない。向こうの情報が分からない状況。

・　Ａの処分ついては，事実関係をはっきりさせた上で慎重に行うこととしている。推測ではなく，事実を明確にしたい。

・　Ａは，１２月１日に[redacted]に呼ばれ，[redacted]を書いたようだが，[redacted]１２月１１日から[redacted]。

・　相手方が刑事告訴しているかどうかは不明。ＡとＡの父親（元警察官）[redacted]が警察に話したところ，刑事事件には該当しないと言われているとのこと。

・　医師会長選挙も絡んでいるのではないかと思っている。　（次頁へ）

情報公開請求で入手した「県医師会池田会長の来庁結果について」１ページ目

(6)　県の意見

・　委託業務中の現場での事案であり，実情が見えないが決して良い性質のものではない。
・　調査委員会で調査した結果を報告していただき，適切な対応を医師会で定め，県に対してもお示しいただきたい。その上で，県としてどうするかを決めさせていただきたい。
・　同意の有無を問わず，そのような行為が宿泊療養施設内で行われたことについて，憤っている。問題意識がどうかとの疑問もある。
・　現場の士気に何らかの影響が及ぶことを危惧するので，できるだけ早く調査を進め，事実関係を明らかにし，適正にかつ厳正に対応をしていただきたい。
・　この件で噂話があるとのこと。職員のプライバシーを保護する観点も十分に留意してほしい。

2　今後の対応

・　医師会には，今後，随時情報を報告するよう求めた。
・　報告書の提出後，医師会に対する対応 [redacted] を行いたい。

情報公開請求で入手した「県医師会池田会長の来庁結果について」2ページ目

池田氏が新型コロナ対策を所管する県くらし保健福祉部を訪れたのは二月一〇日。わいせつ行為について地元紙・南日本新聞が報じる五日前だった。すでに南日本新聞の取材が進んでいたのは確かで、事前に〝言い訳〟を行った形だ。

「強姦といえるのか、疑問」、「複数回」、「（警察からは）事件には該当しないと言われている」――。いずれの文言も、〝合意があっての性交渉だから問題ない〟という考えに基づいている。事案の矮小化を図ろうという狙いがみえみえで、そこには療養施設で不安を抱えながら過ごしていたコロナ患者に対する配慮や、「強制性交」の被害を訴えている女性に対する思いやりの気持ちは一切ない。

さらに、事件発覚の背景に医師会長選挙があることを匂わせた点に至っては、責任転嫁としか思えないただの〝こじつけ〟。コロナ療養施設でのハレンチ行為を逆利用して、医師会長選挙を有利に運ぼうとしているともとれる。無責任な姿勢には、開いた口が塞がらない。

コロナ療養施設でのわいせつ行為が露見してから、池田氏は一貫して「合意説」を主張してきた。二月二二日に開かれた「郡市医師会長連絡協議会」の冒頭、同氏は、問題を起こした男性職員の〝事件〟についての言い分を披露する中で次のような発言を行っている。

「本人（医師会職員）によりますと、昨年八月下旬から九月上旬にかけて当該医療機関と宿泊療養施設内で複数回、行為を行った。そのうち、性交渉が五回で、すべて合意のもとであった」

「まあ、ちなみに本事案は短時間の間になされて数回性交渉が行われていることは双方の代理人弁護士の主張からも明らかで、強姦とは言い難いと思います」

「今日あったこういう情報をですね、ある程度かみ砕いて伝えていただければ、現状はこうなんだよということをですね、伝えていただければありがたいなと思います」

今回県が開示した「県医師会池田会長の来庁結果について」で明らかになったように、池田氏はまったく同じ内容を、この会議の一二日も前の段階で、県に伝えていたということになる。

「憤っている」が示す県の怒り

こうした池田氏の傲慢かつ無責任な態度に対し、県側が厳しい言葉で応酬していたことも分かった。開示された文書の後半には、こう記されていた。

「業務委託中の現場での事案であり、実情が見えないが決して良い性質のものではない。」

「同意の有無を問わず、そのような行為が宿泊施設内で行われたことについて、憤っている。問題意識がどうかとの疑問もある。」

「憤っている」「問題意識がどうかとの疑問もある」――。県行政が記録に残す文言の表現としては、異例の厳しさだ。県費を使った命を守るための事業で、委託費を受け取っている県医師会の職員が、患者をそっちのけで性的行為にふけっていたというのだから、当然だろう。憤っているのが県の後ろにいる県民であるということを、池田氏をはじめとする県医師会の上層部は理解できていない。

複数の県関係者によると、コロナ患者や被害を訴えている女性のことを無視した医師会側の姿勢に対する塩田康一鹿児島県知事の怒りは凄まじく、事務方に徹底追及を指示しているのだという。「憤っている」という言葉は、知事から医師会へのメッセージと言っても過言ではあるまい。

何度も述べてきたが、医師会職員による新型コロナ療養施設での性交渉は、絶対に容認できない愚行。「合意の有無」とは関係のない問題なのだ。合意があったから医師会の責任が軽くなるというわけではなく、なかったから重くなるというわけでもない。医師会の選挙がどうのという主張に至っては、幼稚すぎて子供でも笑うだろう。いずれも、情状酌量の理由にはなり得ない。問題のすり替えに血道をあげる県医師会の上層部は、どう責任を取るつもりなのだろう。

池田会長ら医師会の上層部は、組織内に立ち上げた「調査委員会」の結論を待って、今後の方針を決めるのだと主張している。だが、調査委員会は池田氏らが選んだメンバーで固められた組織。しかも議論に入る前に、「合意があった」「強姦とは言い難い」（池田氏と常任理事）「人騒がせ」（大島郡医師会の会長）などと幹部が方向性を示す発言を行っており、そこから逸脱した結論を出すとは考えづらい。そもそも、医師会内部の調査委の結論がどうであろうと、県医師会に監督責任が問われることに変わりはないのである。

ここで、改めて池田氏らの問題発言をまとめた音声データを公開しておきたい。（音声データあり、https://news-hunter.org/?p=11575　＊池田会長、大島郡医師会の会長、常任理事、大島郡医師会の会長、池田会長の順）

県医師会の対応に知事も県議会も「NO」（2022・4・22）

「極めて不適切」「誠に遺憾」「同意の有無に関係なく不適切」「管理責任が問われる」「県医師会全体のコンプライアンスが厳しく問われる」――。新型コロナウイルス感染者の療養施設で起きた強制性交が疑われる〝事件〟に関する県医師会の対応についてのアンケート取材に、鹿児島県議会が厳しい批判の言葉で良識を示した。

男性職員の言い分だけを取り上げ「強姦といえるのか疑問」「（警察からは）事件には該当しないと言われている」などと非常識な言動を繰り返していたことが明らかとなった池田琢哉会長ら県医師会上層部の姿勢に、塩田康一知事に続いて県議会も「NO」を突き付けた形だ。

回答した全員が「不適切」と批判

ハンターは今月、四九名の鹿児島県議会議員全員に、以下の内容で見解を問うアンケート調査を実施した。

【事案の概要】

昨年八月から九月にかけ、鹿児島県が新型コロナウイルス感染者の療養施設に指定した鹿児島市内のホテルに用意された医師会職員用の部屋で、鹿児島県医師会の男性職員が、女性スタッフに複数回のわいせつ行為を行ったもの。

女性スタッフは「合意はなかった」として強制性交等罪で県警に刑事告訴したが、県医師会の池田琢哉会長らは、県医師会郡市医師会長連絡協議会の席上、「複数回の性行為」「合意があった」「強姦ではない」などと断言、池田会長は二月一〇日に県くらし保健福祉部を訪れ、同様の内容を発言していたことが、県への情報公開請求で入手した資料から明らかになっている。

【本サイトの報道姿勢】

本サイトは、合意のある、なしに関係なく、コロナ患者の命を守るという重要な使命を負った事業の現場で、患者をそっちのけで性行為に及んでいたという医師会職員の行為と、「合意」云々を喧伝し、管理監督責任について一切言及しない池田医師会長らの姿勢を厳しく批判する記事を配信している。

質問一　今回の事案の問題点はどこにあると思われますか?

質問二　テレビのニュース番組で、一連の池田県医師会長の対応に、塩田康一鹿児島県知事が怒りをにじませ「憤ってますよ」と答えていました。「合意があった」との説を喧伝することは、問題のすり替えに過ぎないと思料いたしますが、どう思われますか?

質問三　池田県医師会長の、「複数回の性行為があったから合意があった」という女性の人権を無視した一方的な見解について、どう思われますか?

質問四　その他、本件についてのお考えがあれば、お聞かせ下さい。

自民党県議団、公明党県議団、県民連合県議団は会派として一括回答。共産党の平良行雄議員は、一問ごと丁寧に見解を示す回答文だった。無所属の安楽ひでみ議員は、関係者が新型コロナの濃厚接触者となったことで回答が遅れたため、出稿締め切り後に回答を追加。以下、概要を示す。

自民、公明の県議団は池田会長の非常識な姿勢について触れていないが、新型コロナの療養施設でわいせつ行為が繰返されたことに対しては、「極めて不適切」と厳しい言葉で批判。党の有力支援団体である医師会に対し、自民県議団がここまで踏み込んだことに、ある同党の関係者は頷きながらこう話す。

「コロナ患者が苦しんでいる療養施設の中で、女性に性的行為を迫るなどもってのほか。県民を愚弄する行為だ。当然、医師会に責任がある。それを、合意がどうの、医師会の選挙がどうのと関係のない話でごまかそうという姿勢については、もっと厳しく批判してもいい。まあ、関係の深い医師会のことについて「極めて不適切」と断言したことだけは、評価してもらえると思う。来年は統一地方選がある。県民目線とズレるようでは当選がおぼつかなくなる。公明さんは自民党と同じ回答だが、相談した結果ということ。「極めて不適切」が同じだから、医師会の態度を苦々しく思っていることは確かだ。医師会はどうするつもりかね」

一方、野党系会派である県民連合は、自公と同様に今回の事案を「同意の有無に関係なく不適切な行為」だと指摘。さらに、「(池田)医師会長の「強姦といえるのか、疑問」等の発言は、被害を訴えている女性への配慮は微塵もなく、信じがたいもの」として、被害を訴えている女性にも配慮を見せた。

一問一答形式で、唯一きちんとした回答を送ってきたのが共産党の平良行雄県議。回答書の中で平良議員は、「池田医師会長らは、疑われる犯罪行為を直視することなく、男性職員擁護に終始し、結論ありきの内部調査でお茶を濁すことによってこの問題に蓋をしようとしていることから、県医師会全体のコンプライアンスが厳しく問われる問題だと思います」と事の本質を鋭く突いている。

また同県議は、「池田会長による「合意があった」との発言は、立場の弱い被害者の置かれた状況を(心理的状況を含む)一切無視し、身内である加害者を擁護するためだけのものです。そしてこの発言は、被害者をさらに苦しめる結果につながる」などとした上で、背景に「女性蔑視」があると指摘している。

問われる県医師会の対応

四九人いる県議会議員のうち、四七人までが県医師会の対応を批判した今回のアンケート結果に、鹿児島県内のある医療関係者が重い口を開いた。

「知事の塩田さんも、県議会も、県医師会上層部の非常識な対応に呆れているということでしょう。こうなると、鹿児島県医師会として、県民に向けて謝罪することが最優先になるはずですが、そうなっていないのが現状。池田会長は、医師会長選挙のことで頭がいっぱいで、足下の不祥事を早く片付けようとして失敗した格好です。はっきり言って、県民の意識とズレている。それと、女性の人権やジェンダーについての報道が頻繁になった今日、「何度も性交渉したから強姦じゃない」などという主張は、日本のどこに行っても通らないですよ。こんなこと本気で言っているとしたら、鹿児島県医師会の、いや鹿児島県の恥。医師会長選挙がどうのという場合ではない。報道が続けば、医師会所属の医者全部が、白い目で見られかねない。私は医師会長を選ぶ権限などない下っ端だが、医師会会員として、「いい加減にしろ」と言いたい」

〝事件〟発覚の裏に県の医師会長選挙があるとして問題矮小化を図ってきた池田会長一派にとっては、まさに四面楚歌の状況。県や議会を甘く見た結果だ。池田氏ら医師会上層部がどう責任をとるのか注目される。

県医師会役員が〝謝罪〟を否定

(2022・4・28)

意図的な論点ずらしなのか、あるいはもともと規範意識が欠如しているのか――。新型コロナウイルス感染者の療養施設に派遣されていた鹿児島県医師会の男性職員が強制性交とみられる行為に及んでいた問題で、同医師会の女性理事が会合の中で、事業を所管する県に池田琢哉県医師会会長が行ったとされる〝謝罪〟について「謝罪については、その事実があったかどうかということではなく、世間をお騒がせしたことに関する謝罪」と発言していたことが分かった。

男性職員が新型コロナ患者そっちのけでわいせつ行為を行っていたことは、事件を起こした男性職員本人が認めている事実。私見と断ったというが、理事という重い立場の医師会幹部が事の本質を認めない姿勢をみせたことに、関係者から反発の声が上がりそうだ。

問題の発言が飛び出したのは、今月二一日に開かれた鹿児島市医師会臨時代議員会の席上。わいせつ事件についての議論になったところで、県医師会の理事を務める立元千帆氏が発言を求め、池田会長から預かってきたという回答書を代読。県医師会内部に調査委員会や懲罰委員会、再発防止等改善委員会を立ち上げたことや、第三者を入れた調査委員会で事実関係を調査している現状、三月二四日に池田会長が県庁を訪問し、男性職員が行った行為について謝罪したことなどを説明した。

このあと立元理事は、医師会会員とのやり取りの中で「県の理事会や郡市医師会長会議等で得た事実」として、次のように発言したという。

「報道があった(強制性交での)告訴については、ある理事の先生が、捜査一課が動いているとのことを発言されました。ただ、それから二カ月経過しておりますが、該当の職員というのは、警察の取り調べも逮捕も受けておらず、それらのことがすべてを物語っているのではないかと私自身は考えています」

さらに、池田会長の「謝罪」の内容について聞かれ、「これは私の見解ですが、謝罪については、その事実があったかどうかということではなく、世間をお騒がせしたことに関する謝罪だというふうに私は認識しています」と答えていた。

〝療養施設で行われた事実についての謝罪じゃないのか〟との問いにも、「私は会長ではないので分からないが、私自身はそういうふうに感じた」と返していた。

立元理事の発言が事実なら、それは二月二二日に開かれた県医師会郡市医師会長連絡協議会において池田氏が発した人権無視の主張に沿ったものだ。問題の池田発言と音声データを再録しておきたい。

「本人（医師会職員）によりますと、昨年八月下旬から九月上旬にかけて当該医療機関と宿泊療養施設内で複数回、行為を行った。そのうち、性交渉が五回で、すべて合意のもとであった」（音声データあり、https://news-hunter.org/?p=12066 参照、以下同じ）

「まあ、ちなみに本事案は短時間の間になされて数回性交渉が行われていることは双方の代理人弁護士の主張からも明らかで、強姦とは言い難いと思います」（音声データあり）

「今日あったこういう情報をですね、ある程度かみ砕いて伝えていただければ、現状はこうなんだよということをですね、伝えていただければありがたいなと思います」（音声データあり）

医師会職員が、コロナ患者の療養施設で、わいせつ行為を繰り返していたという極めて不適切な事実を、真摯に受け止めようとしない医師会上層部。塩田康一県知事も、県議会も、県医師会のそうした姿勢を批判してるのが現状だ。この問題についての報道が相次ぐ中、コロナの療養施設でわいせつ事件を起こしたことへの謝罪ではなく、世間を騒がせたことへの謝罪だとする一般常識に欠ける姿勢には呆れるしかない。

しかも立元理事の「該当の職員というのは、警察の取り調べも逮捕も受けておらず、それらのことがすべてを物語っている」という発言は、明らかに強制性交の被害を訴えている女性の人権を踏みにじるもの。なぜ、こうも無神経な話を、大勢の人の前でできるのか、理解できない。

二七日、発言の真意を質そうと立元理事に電話取材した。以下、やり取りの概要である。

――今月二一日に開かれた鹿児島市医師会の臨時代議員

会のことで、お尋ねしたい。

立元理事　はいはいはい、はい。

――確認だが、その会議で先生が池田医師会長の文書の代読をしたということで間違いないか？

立元理事　はい。

――代読後に、当該職員は警察の取り調べも逮捕も受けていないと述べたか？

立元理事　はい。

――それが全てを物語っていると？

立元理事　いるのではないか、と私見を述べましたね。

――私見を述べた。間違いないか？

立元院長　はい。間違いないです。

――池田会長の謝罪については、事実があったかどうかではなく、世間を騒がせたことに対する謝罪だと言われたようだが、これも私見か？

立元理事　うん。そうです、そうです。

――池田会長が仰ったわけじゃないのか？

立元理事　じゃないですし、〇〇先生が、まあ、あのー、結局事実として謝罪したんだという風に仰ったんですけど、私は、そう（世間を騒がせたことに対する謝罪と）考えるってお伝えしたんですが、〇〇先生が、いや僕はそう考えると仰ったので……。

――現在も、県庁での池田会長の謝罪は、世間を騒がせたことに関する謝罪で、療養施設でわいせつ行為があったことに対する謝罪ではないというお考えに変わりはないか？

立元理事　いや、それはあの、結局最後にお伝えしたのは、最終的には私は会長ではないので、「わかりません」と答えたんです。

――分からないけど、私見は述べた？

立元理事　そうです、そうです。私はそうとったんですけど、と。で、それでも〇〇先生があの、私に対して、ものすごく攻撃をされてきましたので。私は代読して、ちょっと私見を述べただけですが、それに対して、攻撃してこられたので、私としてはじゃあ、あの、結局会長ではありませんので、本当のところはわかりませんって最終的にはお伝えしています。

――もう一度聞くが、池田会長の謝罪というのは、世間を騒がせたことに対する謝罪であって、医師会の職員が猥褻行為をしたことへの謝罪ではないのか？

立元理事　えっとですね、それは、わからないんですが。

――わからない？

立元理事　私にはわかりません。

――先生は県医師会の理事ではないのか？

立元理事　うん。で、だからわかりません。あの、なぜなら、調査委員会が立ち上げられてて、現在調査中で、事実がまだわかっていない段階で、私は何も答えられません、ということも、その時私言っています。

――しかし、わいせつ行為があったことについては、池田会長自身が早い段階で県に行って認められているのではないか？　県も、その際の記録を情報公開で公開している。

立元理事　ちょっとすみません。そこは私も、理事会とかで報告もないですし、分かりません。

――しかし、あなた自身が代読した池田会長の文書の中に、「新型コロナウイルスの宿泊療養施設における本会職員の今回の不祥事」という文言があったはずだ。

立元理事　まあ、どうだったかな。ちょっと今、もう手元にないので分からないんですが。

――池田さん自身が、わいせつ行為があったことを認めている。ハンターの取材にも、それが複数回あったと認めている。

立元理事　あっ、わいせつって、何を持ってわいせつっていうんですか？

――今回の場合は、性交渉。

立元理事　あー、そうですね。それはお聞きしています。

はい。

――それをコロナの療養施設でやったことに対しての謝罪があって然るべきではないかというのが、ハンターとしての考え方。知事や県議会も同じだ。

立元理事　あー、なるほど。あーそれは、謝罪されているんだと思います。それを謝罪はしてるかもしれませんね。

――いや、あなたは、世間を騒がせたことに対する謝罪で、事実があったかどうかはわからんと仰ったはずだが？

立元理事　あっ、えっとですね。言葉……。

――わいせつ行為に関する謝罪がないから、県知事も県議会もおかしい、不適切だと言っている。

立元理事　ちょっと、そこまでは……。まあ、あの私がお伝えしたいのは、ええっと、ええっとですね。当初、当初と言うか、今でも、強制性交に問われているわけですよね？

――いやいやいや。これは、強制があったかないかについては、関係のない話だ。

立元理事　もしそうであれば、女性もその同意のもとされたんであれば、女性も罰せられてしかるべきですよね？　そしたら、その女性の……。

――それは議論のすり替えだ。県医師会の職員が――。

ここで一方的に電話を切られたが、その後かけてきた立元理事は「これ以上話すことはない」。記者は、〝ダメなものはダメ。少しは被害女性の人権を考えたらどうですか〟とお願いして、取材を終えた。

立元理事は、池田県医師会会長から鹿児島市医師会へのコメントを預かるほどの関係である。池田氏が「合意論」を述べた郡市医師会長連絡協議会に出席していたことも分かっている。だからだろう。立元理事による一連の発言は、〝性行為における合意の有無によって、県医師会の責任の重さが変わってくる〟という、池田氏周辺が共有する考えに基づくものだ。それがいまの社会情勢の中で容認されるのか問えば、おそらく大多数の県民が「NO」と答えるのではないだろうか。

医師会上層部の姿勢について、ある県議会関係者は次のように話している。

「知事も県議会も、ずいぶんなめられたもんだ。（県医師会の）組織内で、医師会長の謝罪の意味が理解されておらず、役員が私見と称して好き勝手言っているようじゃ、反省なしと判断せざるを得ない。組織の上の方が腐っているんじゃないか。数日前、医師会に近いある議員の根回しで池田会長が自民党県議団に説明に来ていたようだが、なぜ自民党だけなのか。説明すべきは県議会全体に対してだろう。塩田知事もその話を聞いて、呆れていたらしい。謝罪についての話にしても、耳にした知事周辺はかなり怒っている。それにしても、性被害を訴えている女性の人権について一顧だにしない女性の医師会役員がいるとは、ちょっと驚きだ」

別の県関係者も、憤りを隠さない。

「医師会はどうかしている。複数回がどうの、調査結果がどうのと、被害女性の人権を踏みにじるような主張を続けた挙句、県への謝罪は世間を騒がせたことに対するものだという。県民をバカにしている。知事はテレビカメラの前で「憤っている」と言っており、そのことの意味を、医師会はわかっていない。自民党のご機嫌だけ取っておけばよいと考えているのなら、とんでもない間違いだ。この問題は、これからもっと大きくなる。それこそ「世間」が、どう見るかだ」

踏みにじられた性被害女性の人権
（2022・5・18）

性被害の訴えが出ていることを知りながら、なぜここまで女性の人権を踏みにじることができるのか――。鹿児島県医師会・池田琢哉会長の〝病状〟は、かなり深刻と言わざるを得ない。

新型コロナウイルス感染者の療養施設に派遣された鹿児島県医師会の職員が強制性交で訴えられた事件に絡み、県医師会の池田会長が同会の代議員に向けて、問題の男性職員による一方的な言い訳を並べ立てた文書を発出したことが分かった。

池田会長名で発出された文書を入手

問題の文書は、県医師会に九〇人ほどいるという代議員に送られたもの。今月二一日に開かれる予定の臨時代議員会の議事などが記された案内文書とともに封入されていた。

タイトルは「宿泊療養施設不祥事案の経過」。次に、現物のコピーを添付し、池田会長名で発出された文書の全文を紹介しておく。

本会が鹿児島県の委託を受けて運用している新型コロナウイルスの宿泊療養施設における本会職員の今回の不祥事については、会員の皆様に多大なご心配とご迷惑をおかけして誠に申し訳ございません。

現在、会内に調査委員会、懲罰委員会、再発防止等改善委員会を立ち上げ、今回の事案に対する調査を行なっているところであります。

調査委員会はこれまで、当事者である本会男性職員Aからの聴き取り、医師会内及び宿泊療養施設の職員からの聴き取りを終え、相手側の女性職員Bさんの聴き取りを四月二七日（水）に行いました。

また、一方、鹿児島県行政に対しては、これまで六回直接赴き、経過の説明と、宿泊療養施設における本会男性職員Aの不祥事について、県並びに県民に大変なご心配とご迷惑をおかけしていることについて謝罪を行いました。また、さらに電話にて二回の報告をしております。

ここで改めて今回の件の概要を申し上げます。

医師会代議員に送付された池田会長名文書

1　本事案が問題となった発端

本年一月一一日に、某医療機関の理事長から、「鹿児島県医師会の職員Aが、当院の女性職員Bを強姦した。県医師会として、厳正な処分をお願いしたい」と申し入れがありました。理事長のお立場は不明確でしたが、女性職員Bさんの代理人と理解し、速やかに対応に入りました。

2　対応

①最初の段階

㋑翌一月一二日、本会男性職員Aから事情を聴取したところ、昨年八月末から九月末にかけて、強制性交ではなく女性職員Bさんの派遣元医療施設及び宿泊療養施設内で複数回にわたる不適切な行為（性行為）を行ったとのことでありました。

双方の主張事実の落差が大きく又男性職員Aにも、女性職員Bさんにも、夫々弁護士が代理人についていることが判明しました。そこで、本会では、相談役の池田洹弁護士に相談の上、一月一三日付で、当該理事長宛てに本会男性職員Aと女性職員Bさん双方の弁護士間で事実関係を確認する場を早急に設けて頂くべくお願いしました。

㋺五日後の当該理事長からの申し入れ これに対して、当該理事長から一月一七日付けで、両当事者の言い分に開きが大きく、双方の弁護士が話をして合意に達する状況ではないため、強制性交などの犯罪になるかどうかは捜査機関や裁判所が判断することであり、関与すべきではない。鹿児島県から委託を受けて運用していた宿泊療養施設内及び医療機関内で、本会男性職員Aが女性職員Bに対して性行為に及んだという件について、迅速に懲戒処分を行うよう求める文書がまいりました。

㋩しかし、本会としては、懲戒処分を行うための絶対条件は、事実関係の確定であり、

ⓐ双方の代理人間で事実関係を前項の通り確定して欲しい

ⓑ両弁護士が多忙であり、迅速な事実関係の確定が困難である等の事情がある場合、理事長の希望があれば、調査委員会を設置し、すみやかに処分をしたい旨の文書を送付

㋥以上の経過を経て、理事長から再々文書を送られ（五月一三日時点で九回）、本会もこれに文書でお答えし、通算双方で二一回という異例の文書のやりとりと

なっています。

一読すれば子供でも気付くだろうが、文書に記されているのは、「経過説明」の形をした言い訳。特に酷いと思われるのは、傍線で示した「鹿児島県行政に対しては、これまで六回直接赴き、経過の説明と、宿泊療養施設における本会男性職員Aの不祥事について、県並びに県民に大変なご心配とご迷惑をおかけしていることについて謝罪を行いました」と「本会男性職員Aから事情を聴取したところ、昨年八月末から九月末にかけて、強制性交ではなく女性職員Bさんの派遣元医療施設及び宿泊療養施設内で複数回にわたる不適切な行為（性行為）を行ったとのことでありました」という一文だろう。

「謝罪」の真相

まず、鹿児島県に対して行ったという「県並びに県民に大変なご心配とご迷惑をおかけしていることについて」の「謝罪」だが、これは、塩田康一鹿児島県知事や県議会筋から不遜な態度を批判された後の話。池田氏は、事件が南日本新聞の報道で発覚する五日前の二月一〇日に県くらし保健福祉部を訪れ、性交渉が複数回あったという男性職員の言い分だけを申し立て、「強姦といえるのか、疑問」「（警察からは）事件には該当しないと言われている」「医師会長選挙が絡んでいるのではないか」などと話していたことが、県への情報公開請求で入手した文書から明らかになっている。

「鹿児島県行政に対しては、これまで六回直接赴き、経過の説明と、宿泊療養施設における本会男性職員Aの不祥事について、県並びに県民に大変なご心配とご迷惑をおかけしていることについて謝罪を行いました」などと都合よく話を作っても、公文書が真実を語っている。

知事周辺や県の関係者は、これまでの池田会長らの言動に明確な不信感を抱いており、「池田さんは、ことの本質が理解できていないのではないか」（県職ＯＢ）「医師会長の選挙と、男性職員のわいせつ事件は別の問題。女性の性被害を自分の選挙に逆利用しているとしか思えない」（知事と親しい会社社長）といった声が上がっている。

懲りない性分

次に、「本会男性職員Aから事情を聴取したところ、昨年八月末から九月末にかけて、強制性交ではなく女性職員Bさんの派遣元医療施設及び宿泊療養施設内で複数回にわたる不適切な行為（性行為）を行ったとのことでありました」という主張。池田氏は、前述したように県庁で同じようなことを言い、二月二一日に開かれた「郡市医師会長連絡協議会」では、「本人（医師会職員）によりますと、昨年八月下旬から九月上旬にかけて当該医療機関と宿泊療養施設内で複数回、行為を行った。そのうち、性交渉が五回で、すべて合意のもとであった」「まあ、ちなみに本事案は短時間の間になされて数回性交渉が行われていることは双方の代理人弁護士の主張からも明らかで、強姦とは言い難いと思います」と発言していた。

会議の最後には「今日あったこういう情報をですね、ある程度かみ砕いて伝えていただければ、現状はこうなんだよということをですね、伝えていただければありがたいなと思います」とまで述べて、一方的な男性擁護論を広めるよう要求していたことも分かっている。そして今回の発出文書。〝懲りない性分〟というしかない。

県医師会の無責任体質と悪意

医師会の無責任な姿勢を象徴しているのが、文書中の「本会としては、懲戒処分を行うための絶対条件は、事実関係の確定」という一節である。知事や県議会が「不適切」だと批判しているのは、県が巨額の公費を使って設置している新型コロナ患者の療養施設で、医師会派遣の男性職員が、患者そっちのけで何度もわいせつ行為に及んでいたという点。複数回の性交渉があったことについては、加害男性も被害女性側も認めており、そこに争いはない。

県民の信頼を裏切ったことが明白である以上、懲戒処分を即決すべきだが、それを「事実関係の確定」が「懲戒処分を行うための絶対条件」とまで言い切るのは、処分を先延ばしするための屁理屈に過ぎない。

そもそも、医師会がいう「事実関係の確定」とは、〝性交渉に合意があったか否かの裁定〟を意味しており、これは検察でも裁判所でもない医師会が、結論を出せる話ではない。「合意があった」「強姦ではない」と吹聴してきた池田氏らにとっては譲れない条件なのだろうが、こうした方針を「ごもっとも」と認める県民は、ごく少数だと断言しておきたい。重ねて述べるが、コロナの療養施設でわいせつ行為を行った時点で、医師会職員は懲戒の対象。民間企業なら、即刻クビだろう。

「通算双方で二一回という異例の文書のやりとり」という文言には、悪意を感じる。被害女性の雇用主である医療機関の理事長は、やむを得ず文書でやり取りを行っているだけで、原因を作った医師会側が、やり取りの回数についてとやかく言う立場にはない。

号泣した被害女性の一言

性被害を訴えている女性を、これでもかと踏みにじってきた池田氏の姿勢は、女性の人権やジェンダーについての議論が真剣に交わされるようになった今の時代にあって、決して容認されるものではあるまい。事件経過を説明すると称する問題の文書には、事情を聞いたはずの女性の言い分はこれっぽっちも出てこない。なぜかというと、答えは一つ。〝出したくない〟〝見られたくない〟からに他なるまい。

ハンターは先月、今も「悪夢」に苦しめられるという被害女性に取材することができた。詳細はいずれ報じる予定だが、彼女が無抵抗で何度も性交渉を受け入れたというような、池田氏らのいわゆる「合意説」は、まったくの作り話だ。彼女が捜査当局に告訴状を提出したということを、池田氏や医師会の弁護士は軽く見ているとしか思えない。

〝事件を起こした医師会の男性職員に言いたいことはありますか〟という記者の最後の質問に、彼女は号泣し、声を失った。後日送られてきたメールには、「消えてほしい」という一言だけがしるされていた。

県医師会がなくした「仁」

（2022・5・31）

「仁」とは、他者に対する思いやりの心、つまり「仁愛」だ。そうした意味で、鹿児島県医師会において「医は仁術」という言葉は死語になったと断言しておきたい。

二カ月以上続く取材を通じて見えてきたのは、「腐った組織」の実態だ。県医師会のトップである池田琢哉会長ら幹部の医者たちは、性被害を訴える女性の人権を再三にわたって踏みにじり、あろうことか、その件を医師会長選挙の道具として逆利用した。

池田氏支持の一部の医者が吹聴していたのは、池田氏による悪質な「合意論」をさらに発展させ、強制性交事件そのものを「被害女性の雇用主である医療機関のトップが仕組んだ、いわゆる美人局（つつもたせ）だった」とする〝でっち上げ〟。そのようなことを考え、また実行するなどできるはずもなく、被害女性のみならず雇用主の人権までも踏みにじった許し難い誹謗中傷である。

さらに、「合意論」を振りかざす池田会長の姿勢を批判した塩田康一鹿児島県知事の黒幕説を流すなど、巧妙に〝事件〟と医師会長選挙を結び付け、池田氏の対立候補に投票しないよう働きかけていたことが分かっている。

人の道を外れた方々に「仁愛」について説くつもりはない。本稿は、鹿児島県医師会に対するハンターからの苦言である。

「合意があった」は卑劣な言い訳

近年、女性の人権やジェンダーについての問題が注目されるようになり、政治課題としても議論されるようになった。

記憶に新しいのは、勇気をもって性被害を訴えたフリージャーナリスト・伊藤詩織さんの〝事件〟だろう。

この事件は、いったん政権の力でもみ消されながら、望まない性行為を受けたとして伊藤さんが損害賠償を求めた民事訴訟において、一審の東京地裁も二審の高裁も「合意があった」とする元テレビ局幹部の主張を退け、原告の訴えを認める判決を下している。

言うまでもなく、「合意があった」は性犯罪者が自己弁護のために使うきまり文句。証拠が乏しいことや精神的にまいっている被害女性の弱い立場に付け込む、卑劣な言い訳である。鹿児島では、新型コロナ患者そっちのけで何度も強引な性交渉に及んだ医師会の男性職員が「合意があった」と主張し、池田会長ら県医師会の幹部らも、公式・非公式に「合意があった」と明言してきた。被害を訴えている女性の人権に対する配慮は、これっぽっちもなされていない。

MeToo 無視の鹿児島県

最近、相次いで報道されたのが、複数の映画監督による女優へのセクハラ・性加害。立場を利用して、女優を性の道具にした映画監督らに世間の目は厳しく、いずれの〝加害者〟も映像の世界で仕事を続けるのは不可能な状況だという。他者の人生に傷を残したのだから、あたりまえの結果と言えるだろう。

二〇一七年にアメリカの女優が投稿したツイートを発端に世界中に広がった「#MeToo運動」は、沈黙を余儀なくされてきた性的被害を公表することで、世の中を変えていこうとする動きから生まれたもの。そうした流れの中にあっても、強制性交などの被害を受けた女性たちが、SNS上でつぶやくことさえできずに、悩み苦しむケースは後を絶たない。

鹿児島県では、「仁愛」の心をお持ちのはずの医者たちが、寄ってたかって性被害を訴えた女性の人権を踏みにじり、その女性の雇用主まで誹謗中傷するという、信じられない事態が起きている。

これまでハンターは、新型コロナウイルスの療養施設で、鹿児島県医師会の男性職員が女性スタッフに行った〝わいせつ行為〟に関する問題点を何度も報じてきた。

まず責められるべきは、コロナ患者そっちのけで強制性交を疑われる行為を繰り返していながら、何の責任もとらない問題職員と派遣元である県医師会の姿勢だ。

塩田康一県知事や県議会がその点を問題視して厳しく批判したが、医師会側は誠意ある対応をみせておらず、「調査結果を待って」と引き延ばしを図ってきた。背後に、「合意論」を吹き込み調査の引き延ばしを指導した、鹿児島一評判の悪い弁護士がいるとの情報がある。

次は、人道上の問題だ。池田琢哉会長をはじめとする県医師会の幹部らは、刑事告訴までした被害女性の声を無視して、「複数回の性交渉。合意があった。強姦ではない」という見解を公言してきた。しかも、この非常識な弁明は被害女性の話を聞く前の段階から流されており、池田氏が会議の中で「伝えていただければありがたい」と指示したため、「合意があった」とする加害男性の一方的な言い分だけが医師会内部の了解事項として広がってしまった。こんな非道が許されていいはずがない。

池田会長、常任理事の大西浩之氏、大島郡医師会の向井奉文氏、理事の立元千帆氏……。記者が直接話を聞いた県医師会の役員らは、いずれも「複数回」や「合意」という言葉を発し、会ったこともないはずの被害女性の訴えを真っ向から否定した。仁だの仁愛だのといった言葉は、この方々の辞書にないらしい。

問題の行方

今後は県医師会が主導する調査委員会なるものから懲罰委員会を経て、事件を起こした男性職員への処分が決まることになるという。しかし、この二つの委員会の委員構成そのものが問題で、外部の識者は少なく、中立性は担保されていない。つまり、県医師会上層部にとって都合の良い委員会であり、そこに大きな問題を孕んでいる。

鹿児島県医師会館

事件発覚からすでに半年経過しようとしているにもかかわらず、遅々として進まない県医師会による調査。方法論自体が非難の対象だろうが、処分結果によっては、より重大な社会問題に発展することになる、と警告しておきたい。

鹿児島県には、旧藩時代から続く「男尊女卑」の風潮が残っていると聞く。同意しづらい指摘ではあるが、性被害にあったという女性の訴えを真っ向から否定し、その事件を逆手にとって何の関係もない医師会長選挙に利用した鹿児島県医師会幹部らの行為は、「男尊女卑」どころか「人の道」に外れたもの。想起されるのは、「仁愛」とは対極をなす「鬼畜」という言葉である。

世間の常識から大きくずれた方々に、この国の医療や「命」

について語る資格があるとは思えないが……。

県医師会「池田会長発出文書」の欺瞞（2022・6・30）

新型コロナウイルス感染者の療養施設に派遣された鹿児島県医師会の職員が強制性交で訴えられた事件に絡み、県医師会の池田会長が医師会長選挙の直前に発出した文書の記述内容と、県が保有するこの問題に関する記録文書との内容が食い違っていることが分かった。会長選で再選を目指した池田氏が、コロナ対策事業を汚された県の怒りを過少にみせかけ、真相を歪めようと図った疑いがある。

県に出向いたとする「六回」に根拠なし

問題の文書は先月、池田会長名で、県医師会に九〇人ほどいるという代議員に送られたもの。タイトルは「宿泊療養施設不祥事事案の経過」。A4の用紙四枚に、本事案に関する池田氏の〝一方的な見立てに基づく経過説明〟が、先月二一日に開かれた臨時代議員会の議事などが記された案内文書とともに封入されていた。

問題となる部分の記述内容を再掲しておく。

本会が鹿児島県の委託を受けて運用している新型コロナウイルスの宿泊療養施設における本会職員の今回の不祥事については、会員の皆様に多大なご心配とご迷惑をおかけして誠に申し訳ございません。

現在、会内に調査委員会、懲罰委員会、再発防止等改善委員会を立ち上げ、今回の事案に対する調査を行っているところであります。

調査委員会はこれまで、当事者である本会男性職員Aからの聴き取り、医師会内及び宿泊療養施設の職員からの聴き取りを終え、相手側の女性職員Bさんの聴き取りを四月二七日（水）に行いました。

また、一方、鹿児島県行政に対しては、これまで六回直接赴き、経過の説明と、宿泊療養施設における本会男性職員Aの不祥事について、県並びに県民に大変なご心配とご迷惑をおかけしていることについて謝罪を行いました。また、さらに電話にて二回の報告をしております。

ここで改めて今回の件の概要を申し上げます。

このあと、事件になった「不適切な行為（性行為）」を認めながらも「強制性交ではない」とする男性職員の一方的な言い分だけを記載し、「本会としては、懲戒処分を行うための絶対条件は、事実関係の確定」と事の本質を歪める主張を展開していた。

ハンターが注目したのは、上掲の文書にある「鹿児島県行政に対しては、これまで六回直接赴き、経過の説明と、宿泊療養施設における本会男性職員Aの不祥事について、県並びに県民に大変なご心配とご迷惑をおかけしていることについて謝罪を行いました」という一文。

この書きぶりだと、県に「六回直接赴き」謝罪を行ったのが、「池田氏」なのか「調査委員会」なのか判然としない。文章の流れからすると主語は「調査委員会」になるのだろうが、県や医師会関係者への取材過程では、池田氏を含む医師会側が「六回」も県を訪ねたという話は出てきていなかった。

池田氏が発出文書に記した「六回」は事実なのか――。確認のため鹿児島県に情報公開請求し、開示された公文書で県と医師会側のやり取りを確認した。表は、そのまとめである。

結論から述べれば、公文書上、本件について池田氏個人が県を訪れた証拠は二回分しか残っておらず、池田氏以外の医師会関係者が県に出向いた際の記録も二回分しかない。つまり県庁内における県と医師会の直接的な接触は計四回。「六回」を証明する記録は残されていなかった。池田氏が医師会内部に発信した「六回」という情報には、公文書上の根拠がない。

では、なぜ池田氏は「六回」と書いたのか――。

池田氏の発出文書にある「鹿児島県行政に対しては、これまで六回直接赴き、経過の説明と、宿泊療養施設における本会男性職員Aの不祥事について、県並びに県民に大変なご心配とご迷惑をおかけしていることについて謝罪を行いました」という一文を読むと、池田氏を含む医師会側が「六回」も県に出向いた主目的が、あたかも「謝罪」にあったかのような印象を受ける。

月日	相手方	用件
2月10日	池田医師会長	一方的な内容での言い訳
2月21日	医師会の担当者	経過報告
3月22日	医師会の担当者	〃
3月24日	池田医師会長	形式的な謝罪
3月9日	医師会側からの電話報告	経過報告
4月12日	同	〃
4月26日	同	〃
5月13日	同	〃
5月27日	医師会側からのメール報告	〃

情報公開請求で入手した県と県医師会側のやり取りの経過

しかし、池田氏が県を訪れて「謝罪」したのは三月二五日の一回きり。しかもそれは、ハンターが、新型コロナの療養施設内で医師会の職員がわいせつ行為を行っていたことについての責任を棚に上げ、「複数回の性交渉」「合意があった」という筋違いの主張を繰り返す池田氏ら医師会幹部の姿勢を厳しく批判する一連の記事を配信してからのことだ。医師会長選挙の前に問題を鎮静化させ、組織内部を落ち着かせるための、とりあえずの「謝罪」――。この見立てが大きく外れているとは思えない。

その証拠に、四月二一日に開かれた鹿児島市医師会臨時代議員会の席上、池田会長から預かってきたという回答書を代読した県医師会役員の立元千帆氏が、「県の理事会や郡市医師会長会議等で得た事実」として、次のように発言していたことが分かっている。

情報公開請求で入手した県医師会側の来庁結果文書

「報道があった（強制性交での）告訴については、ある理事の先生が、捜査一課が動いているとのことを発言されました。ただ、それから二カ月経過しておりますが、該当の職員というのは、警察の取り調べも逮捕も受けておらず、それらのことがすべてを物語っているのではないかと私自身は考えています」、「これは私の見解ですが、謝罪については、その事実があったかどうかということではなく、世間をお騒がせしたことに関する謝罪だというふうに私は認識しています」

県民からも厳しい批判

被害を訴えている女性の話は聞かずに、「性交渉が複数回あったから合意があった」と断定的な発言を繰り返した池田会長――。さらに、大西浩之常任理事（当時）や立本千帆理事（当時）らが池田氏の「合意論」に同調し、被害女性をこれでもかと痛めつけた格好だ。こうした医師会上層部の姿勢には、当然ながら県民から厳しい批判の声が上がる。

「医者は人の命を救うのが使命。人権と人の命はイコールのはずだが、この医師会のお偉いさんたちには人権意識がない。あったこともない女性が、性被害を訴えているというのに、「合意があったに違いない」とは、まさに二次的な被害を与えたに等しい。こうした女性蔑視には反吐が出る。「下々の者は医師には逆らえまい」と高を括っているのだろうが、これからは行く先々で県医師会の非道を話すつもりだ」（五〇代男性経営者）

「女性の敵の中に、知っている女医さんがいるのに驚いた。私はその女医も、加害者（県医師会の男性職員）も知っているが、二人は親しい仲。たしか、男性職員が最初にこの問題について相談したのがその女医さんのはずだ。そりゃ庇うよね。正義とか仁術とか、そんなものとは縁のない連中ということですよ。あと、医師会に〝合意があった〟で通しなさいと入れ知恵したのは、県の弁護士界を牛耳る老練の弁護士。こいつも、まあ、ろくなもんじゃない」（四〇代医療関係者）

「池田さんたちは、被害女性が目の前で泣き叫んでも「合意があった」「芝居だ」と平気で言うでしょう。どうやら、はなから女性に寄り添う気持ちなんかない。愚かな行為に走った男性職員を庇ったのは、おそらく医師会長選挙を前にした池田さんが、問題を矮小化して再選を果たすためではなかったんですか。結論を出せないと分かっている調査委員会で議論を続けさせ、時間を稼ぎ、うやむやにして終わらせるつもりなんでしょう」（鹿児島市在住の六〇代主婦）

それぞれの意見に記者も同意するが、編集部に寄せられる意見で一番多いのは「調査委員会」の役割についての問い合わせ。確かに、鹿児島市の主婦が言うように、この委員会の設置目的や議論の内容には問題がある。

第二章　鹿児島県医師会「調査委員会」

県医師会「調査委員会」の欺瞞（2022・7・7）

鹿児島県医師会の男性職員が新型コロナウイルスの療養施設内でわいせつ行為を繰り返していた問題で、医師会が組織内に設置した「調査委員会」の役割に疑問の声が上がっている。

次々あがる疑問の声

強制性交の被害を訴える女性の人権を無視して、「合意があった」と一方的な主張を繰り返す池田琢哉会長ら医師会幹部。コロナ対策事業への信頼を失いかねない事態に怒りを露わにした県の指示を受けた県医師会は、二月に「調査委員会」を設置したが、なぜか四カ月以上経った現在も、結論は出ないまま。ハンターの読者からは、医師会への厳しい批判とともに、「調査委員会」への疑問の声が数多く寄せられるようになった。

「そもそも、調査委員会で何を調査するというのでしょうか。まさか、合意があったかどうかを、医師会が決めるなんてバカな話じゃないですよね」（鹿児島市在住の主婦）

「医師会の職員がコロナの療養施設で性的な行為を行ったことを認めているのなら、その時点でいったん処分を下すべき。〝調査結果を待ってから処分〟というのは、わいせつ行為を認めるまでの話で、もう結論は出ているのだから……。どうも、いまやっていることは時間稼ぎにしかみえない。これ以上、何を調査するというのか」（鹿児島県内在住の開業医）

「医師会もよくないが、調査を命じた鹿児島県もよくない。報道によれば、二月の段階で医師会の会長が県に対して職員のわいせつ行為を認めている。ならば、県は調査を命じる必要なんてなかった。（男性職員に）どのような処分をするのか、そして県の医師会はどのような責任をとるのか、その点だけ報告させればよかったはずだ。「調査」という言葉を使ったばっかりに、責任の軽重が「合意があったかどうか」で決まるかのような方向に流されてしまった。医師会側が、意図的にそっちの方向に持っていったのだろうが、事件の本質が歪められたのは確か。医師会が警察・検察や裁判所のまねごとをしてはいけない」（司法関係者）

歪められた「調査」の方向

県内の医療機関で働く女性看護師も、県医師会の方針に真っ向から異議を唱える。

「弁護士の方が参加しているとはいえ医師会の調査委員会は素人の集まり。それも池田先生が指名したメンバーばかりでしょうから、女性の側に立った結論が出るはずがないですよね。そもそも、女性から告訴状が出ているのなら、事件の経緯を調べてどちらの言い分が正しいのかを判断するのは検察か裁判所であって、医師会が結論を出すべき話ではありません。それなのに医師会は、合意があったか否かについての結論を出すことを、処分の前提にしている。これは絶対におかしい。そもそも、コロナの療養施設で医師会の男性職員がわいせつ行為に及んだ時点でアウト。普通なら即刻、懲戒処分でしょう。職場でわいせつ行為というのは、民間企業なら当然クビ。調査すべきは、わいせつ行為が事実か否かであって、合意があったか、なかったかではないはずです。わいせつ行為については当事者が認めた時点で結論が出ているのだから、だらだらと調査委員会を続けるのはナンセンス。さっさと処分するべきです。それにしても、県医師会は女性の人権をなんだと思っているのでしょうか」

女性看護師や前出の開業医の言い分はもっともだ。本件についての配信記事で何度も述べてきたことだが、鹿児島県医師会が責任を負うのは、新型コロナウイルスの療養施設内で、組織の一員が患者そっちのけでわいせつ行為を繰り返していたことについてだ。わいせつ行為が事実なら、「合意」があろうがなかろうが、医師会は責任をとらねばならない。一般常識からすれば、職場で性交渉に及んだ段階で社会人失格。しかし、池田氏にはこの常識が通じない。

池田氏の非常識が如実に表れたのが、医師会長選挙を前にした五月一三日に、池田会長が発出した文書の一節だ。

被害を訴えている女性の雇用主が県医師会に要求したのは、コロナの療養施設で性行為に及んだ医師会男性職員への懲戒処分。世間一般では当たり前の話なのだが、池田氏は、これを「しかし」と否定する。その理由は、「懲戒処分を行うための絶対条件は、事実関係の確定」「絶対条件」「事実関係の確定」に、わざわざ黒点まで付けて強調していた。おかしな処分方針である。

「コロナの療養施設内で、医師会の男性職員がわいせつ行為を繰り返していた」――。これを男性職員自身が認めており、すでに「懲戒処分を行うための絶対条件である、事実関係の確定」は終わっている。処分するのに、これ以上なにが必要なのだろうか？

きょう、県医師会の調査委員会が開かれる。

県医師会、「人権無視」の記者会見
（２０２２・10・24）

新型コロナウイルス感染者の療養施設で、鹿児島県医師会（池田琢哉会長）の男性職員が女性スタッフに対し強制性交の疑いが持たれる行為に及んでいた問題で、同医師会は先月二七日、塩田康一知事に内部調査の結果をまとめた報告書を提出。直後に記者会見を開き、男性職員を「停職三カ月」の懲戒処分にしたことを公表した。会見冒頭で池田会長が、〝形ばかりの謝罪〟を行っている。

処分の前提となったのは、会見で示された「合意に基づく性行為だった」とする医師会の調査結果。わいせつ事件発覚直後から続く池田会長らの一方的な主張に沿った形で幕引きを図った形だが、鹿児島県への情報公開請求で入手した資料から、会見での説明が県に提出された報告書の記述と整合性を欠く、「人権無視」の内容だったことが明らかとなった。

県への報告は「蓋然性が高いと思料される」だった

下は、鹿児島県への情報公開請求で入手した九月二七日に県医師会が県知事あてに提出した「報告書」。一一ページに及ぶA４判の報告書には、調査経過と調査の末に下した処分内容、処分理由などが記されている。

その中の「第六　職員の処分」で医師会は、男性職員の性行為について「合意の上である蓋然性は高いと思料される」とする見解を前置きし、外部からは確認することのできない同職員の職務上の功績や評判を列挙。さらに「一定の社会的な制裁を受けた」などと勝手に決めつけ、「情状酌量の上、停職三カ月の懲戒処分」を下したとしている。

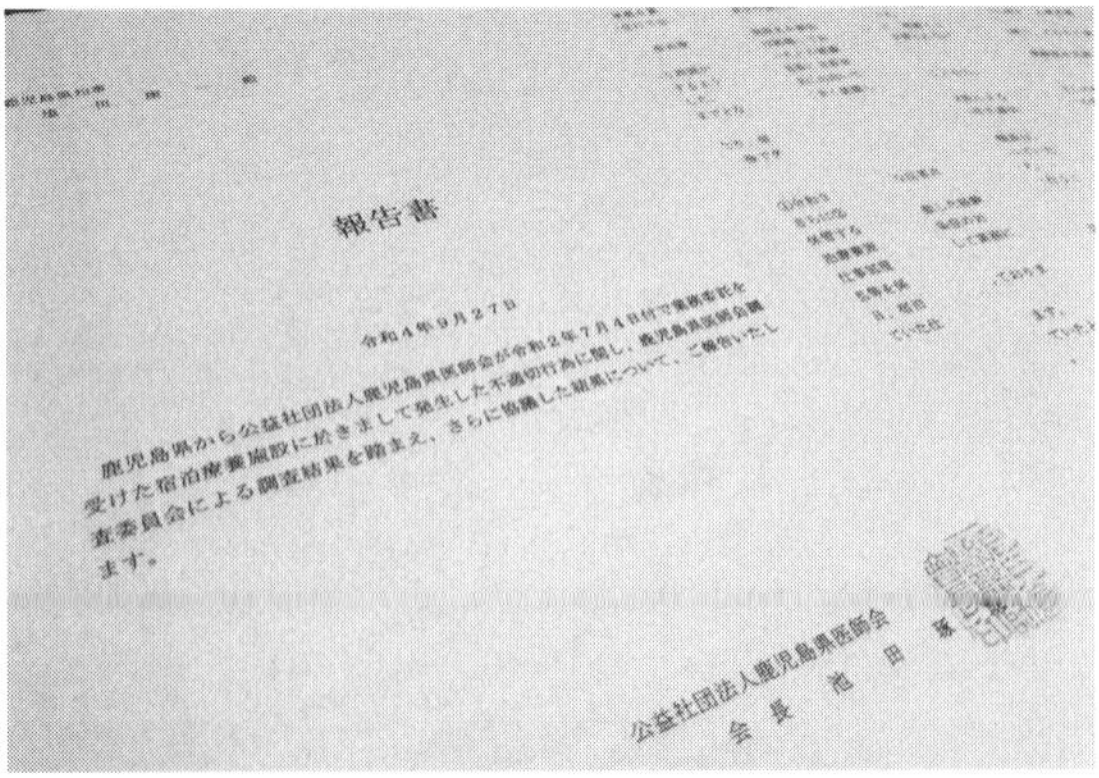

情報公開請求で入手した県医師会「報告書」表紙

「蓋然性」とは、ある事柄が真実として認められる確実性の度合いのこと。つまり県医師会は、「合意があった可能性は高いが……」という意味の断定を避けた表現で、県への報告書を作成していた。（＊次が問題の記述があるページ。文書中のアンダーラインはハンター編集部）

第６　職員の処分

１　Ｘ職員の行為は、鹿児島県医師会調査委員会（以下「調査委員会」といいます。）の調査結果を前提にすれば、合意の上である蓋然性は高いと思料されるが、当該行為は、鹿児島県が借り上げ、新型コロナウイルス感染症患者

県医師会「報告書」。男性職員の性行為について「合意の上である蓋然性は高いと思料される」との記述

当会としましては、Ｘ職員がマスコミ報道等によって、自らの非違行為を超えた重大な非違（犯罪）行為を行ったかの如く世間に疑われ、これまで客観的事実とは異なる行き過ぎた社会的な非難を浴び続けたことに関して、一定の社会的な制裁を受けたものと考えます。

加えて、Ｘ職員は、当会に本件が発覚した後、令和４年２月１５日から自宅待機命令を受けており、その期間は半年を超えております

３　以上のように、Ｘ職員の行為は極めて不適切な行為であり、当会就業規則第５１条の４の⑨「医師会又は職員個人の名誉や信用を著しく傷つけたとき」（諭旨退職・懲戒解雇事由）に該当すると考えますが、前記２項で挙げた情状を考慮し、情状酌量の上、停職３ヶ月の処分を言い渡すものです。

県医師会「報告書」。「一定の社会的な制裁を受けた」とし、「情状酌量の上、停職三カ月の懲戒処分」を下したとしている

しかし、報告書提出直後に開いた会見で県医師会の顧問弁護士・新倉哲朗氏（和田久法律事務所）は、男性職員の行為について、県への報告との整合性を欠く形となる「合意に基づく性行為だった」と断言。たった一回聴き取りを行っただけの〝被害女性〟の人権を、人の命を守るのが使命の医師と、いかなる相手であろうと「人権」を守るべき立場の弁護士が、なんの躊躇もなく踏みにじった。

捜査の素人が刑事事件に〝判決〟、「合意あった」を既成事実化

被害を訴えている女性は今年一月、鹿児島県警に告訴状を提出しており、捜査の素人である民間団体の県医師会が、警察や検察の動きを無視して犯罪の疑いがある行為に白黒をつけた形。池田氏や新倉弁護士がどれほど偉いのか知らないが、捜査機関の結論を待たずに、彼らが刑事告訴事案の〝判決〟を出すのは間違いだろう。県医師会は、〝鹿児島県には警察も検察も裁判所もいらない〟と言ったも同然。こんな無法が許されていいはずがない。

県への報告書にある「蓋然性が高いと思料される」と、会見での「合意があった」という断定は明らかに食い違う。これが意図的に行われたものであることも明白だ。県医師会は、確たる証拠がない〝推定〟を断定的に公表することで、「合意があった」の既成事実化を狙ったとしか思えない。

卑劣なたくらみが功を奏したのは確かだ。医師会の会見内容を伝えた鹿児島メディアの報道内容を確認したが、ＮＨＫを除いて「合意があった」に疑問を呈した報道機関はなかった。医師会の公表内容に何の疑問も抱かず、言われたままをタレ流す輩に、「人権」について語る資格はあるまい。

「社会的制裁」とは

もう一点、県医師会の報告書には看過できない記述がある。実は、ハンターの配信記事も含めて、わいせつ行為を行った医師会男性職員の名前がメディアの報道の中で公表されたことは一度もない。県医師会は「（男性職員が）一定の社会的制裁を受けたものと考えます」と勝手に決めつけ、「情状酌量」の理由の一つにしているが、顔も名前も知られていない男性職員が「社会的制裁」を受けているとは思えない。

そもそも県医師会は、わいせつ事件を起こした男性職員が所属する組織。その医師会が、自分のところの不祥事に第三者的評価を下すことなど許されるわけがない。まさにお手盛り。医師会の調査結果は、本当に弁護士が三人も関わっていたのか、疑いたくなるお粗末さだ。

ハンターの取材によれば、医師会が設置した調査委員会のメンバーは、医師会役員が四名、事務局から五名、医師会側の弁護士が二名、中立の立場の弁護士が一名の計一二名。最後に決まった弁護士は中立の立場とされているが、推薦したのは医師会側の弁護士だという。池田会長の息がかかった委員が過半数を占めており、著しく公平性を欠く構成だった。やはり「お手盛り調査」との批判は免れまい。

調査委員会は少なくとも五回以上開かれた模様で、その結果を受けた同医師会の懲罰委員会が決めたのが、「三カ月間の停職」という軽い処分。本来なら医師会の内規にある「論旨退職・懲戒解雇事由」にあたるはずの事案を、「社会的制裁」「合意があった」などと一方的な理屈を並べ「情状酌量の上」に決めたというのだから、身内と組織を庇うための身勝手さには呆れるしかない。

「結論ありき」の調査結果

事情を知った県関係者の間からも、厳しい批判の声が上がる。

「〝合意があった〟という結論ありきで始まった話だ。処分は当然、軽いものになるだろうと踏んでいた。ここまで引っ張ったのは、ただの時間稼ぎ。池田会長ら幹部は、調査委員会のスタート前に〝合意があった〟と言いふらした手前、いまさら〝強制性交だった〟という結論を出すわけにはいかなかった。合意がなかったとすれば、女性の人権を踏みにじった池田さんは会長を辞めざるを得ないのだから、はじめからこうなることは分かっていた」

確かに、池田体制下の県医師会で、いまさら「合意はなかった」という結論が出せるはずはない。コロナ療養施設内でのわいせつ行為について取材を始めていた報道機関の動きを知った池田会長は今年二月一〇日、新型コロナ対策を所管する県くらし保健福祉部に出向き、「強姦といえるのか、疑問」、「複数回」、「（警察からは）事件には該当しないと言われている」などと被害を訴えている女性の人権を無視した発言を連発。さらに、同月二二日に開かれた「郡市医師会長連絡協議会」でも、「本人（わいせつ行為を行った男性職員）によりますと、昨年八月下旬から九月上旬にかけて当該医療機関と宿泊療養施設内で複数回、行為を行った。そのうち、性交渉が五回で、すべて合意のもとであった」、「まあ、ちなみに本事案は短時間の間になされて数回性交渉が行われていることは双方の代理人弁護士の主張からも明らかで、強姦とは言い難いと思います」、「今日あったこういう情報をですね、ある程度かみ砕いて（関係者に）伝えていただければ、現状はこうなんだよということをですね、伝えていただければありがたいなと思います」などと述べていた。

一連の池田発言は、鹿児島県への開示請求で入手した記録文書や、ハンターが入手した郡市医師会長連絡協議会での発言データによって明らかになっている。

調査委員会設置前の池田医師会長による「合意があった」との決めつけ発言は、被害を訴えている女性から聞き取りを行う、はるか以前のもの。もちろん、鹿児島県警が受理した告訴状の内容さえ確認していない段階で発信された暴言だった。しかも、県が開示した前掲（25頁）の「県医師会池田会長の来庁結果について」にあるとおり、「警察は動かない」という事前の虚偽情報まで流して〝もみ消し〟を図った形跡があり、塩田知事の周辺や県議会からも厳しい批判の声が上がっていた。

被害を訴えている女性が刑事告発に踏み切ったのは今年、二〇二二年一月。現在も県警の捜査が続いており、結論は出ていない。池田会長らの「合意」発言に引っ張られ、警察や検察の判断を無視して犯罪行為に白黒をつけた形の県医師会は、捜査結果が「合意はなかった」あるいは「真偽不明」となった場合、どう責任をとるのだろうか。

【新事実発覚】県、県医師会に不同意通告
（２０２２・11・1）

新型コロナウイルス感染者の療養施設で、鹿児島県医師会（池田琢哉会長）の男性職員が女性スタッフに対し強制性交の疑いが持たれる行為に及んでいた問題を巡り、鹿児島県が、先月二七日に医師会から塩田康一知事に提出された調査報告書や同日に開かれた医師会長と顧問弁護士らの記者会見の内容を、激しく糾弾する「口頭注意」と「指摘」を、文書による「厳重注意」とは別に行っていたことが県への情報公開請求で入手した文書から明らかとなった。県が、この問題につ

いての調査結果と調査過程、さらには男性職員への処分内容に〝不同意〟を表明した格好だ。

一方、調査結果を否定された県医師会上層部は、そうした経緯を県民はもとより組織内の会員にも一切報告しておらず、沈黙を守っている。

開示された未公表の指摘事項

鹿児島県医師会の男性職員が、女性スタッフに対し強制性交の疑いが持たれる行為に及んでいた問題で、同医師会は先月二七日、塩田知事に内部調査の結果をまとめた報告書を提出。直後に記者会見を開き、男性職員を「停職三カ月」の懲戒処分にしたことを公表した。会見冒頭の池田会長の謝罪は、まさに〝形ばかり〟。報告書では男性職員の行為を「合意の上である蓋然性は高いと思料される」としながら、会見では「合意に基づく性行為だった」と断定していた。

「情状酌量の上、停職三カ月の懲戒処分」（報告書の記述）という軽い処分の前提となったのは、「合意の上での性行為」と「一定の社会的な制裁を受けた」という二点。被害を訴えている女性が鹿児島県警に提出した告訴状に基づき捜査が進められている中、刑事事件の素人集団である医師会が、女性の人権を無視して一方的に〝判決〟を下すという前代未聞の展開となっていた。

医師会は、わいせつ事件発覚直後から続く池田会長らの「合意があった」という一方的な主張に沿った形で幕引きしたつもりだろうが、県は納得していなかった。それどころか、調査結果を完全否定する姿勢を示していた。その証拠となるのが、ハンターが県に情報公開請求して入手した以下の六枚の文書の中の二種類の記録。調査報告を受けた県が、一〇月五日に医師会を呼び手交した「厳重注意」の文書とは別に、口頭で指摘した事項が記されたものだ。

六枚の内訳はこうなっている。「宿泊療養施設内での不適切行為について（厳重注意）」は、記者クラブ加盟社に配られており公表済み。未公表分五枚のうち、（厳重注意）の「案」

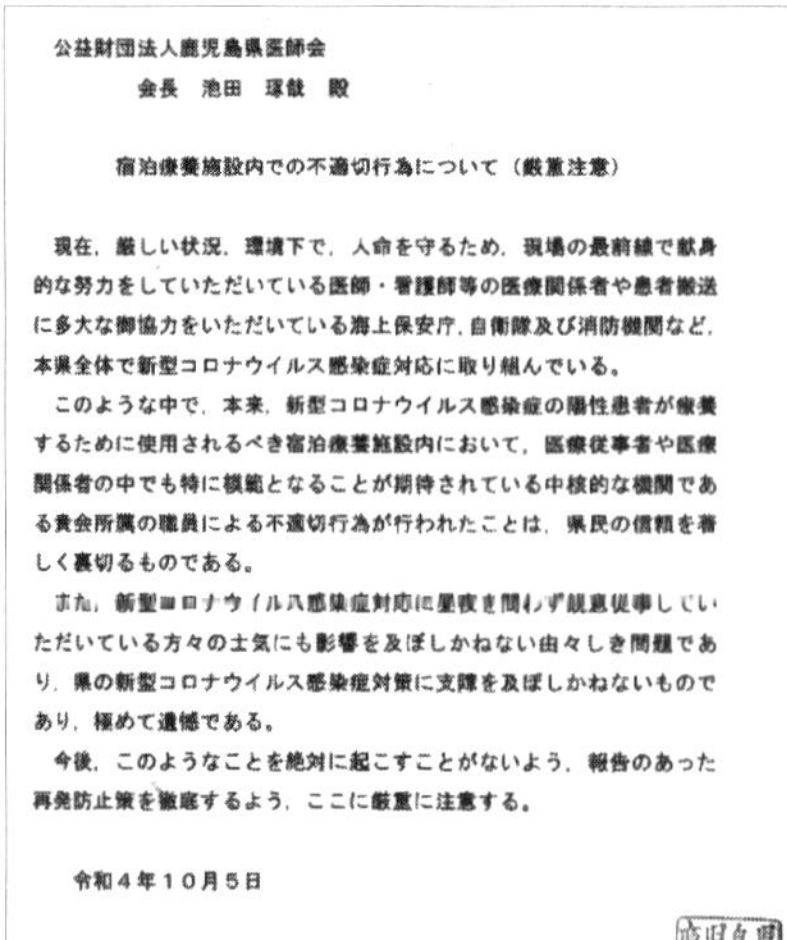
公益財団法人鹿児島県医師会
会長　池田　琢哉　殿

宿泊療養施設内での不適切行為について（厳重注意）

現在，厳しい状況，環境下で，人命を守るため，現場の最前線で献身的な努力をしていただいている医師・看護師等の医療関係者や患者搬送に多大な御協力をいただいている海上保安庁，自衛隊及び消防機関など，本県全体で新型コロナウイルス感染症対応に取り組んでいる。

このような中で，本来，新型コロナウイルス感染症の陽性患者が療養するために使用されるべき宿泊療養施設内において，医療従事者や医療関係者の中でも特に模範となることが期待されている中核的な機関である貴会所属の職員による不適切行為が行われたことは，県民の信頼を著しく裏切るものである。

また，新型コロナウイルス感染症対応に昼夜を問わず献身従事していただいている方々の士気にも影響を及ぼしかねない由々しき問題であり，県の新型コロナウイルス感染症対策に支障を及ぼしかねないものであり，極めて遺憾である。

今後，このようなことを絶対に起こすことがないよう，報告のあった再発防止策を徹底するよう，ここに厳重に注意する。

令和４年１０月５日

鹿児島県知事　塩田　康一　鹿児島県知事印

県医師会長池田琢哉氏宛、知事名の「厳重注意」文書

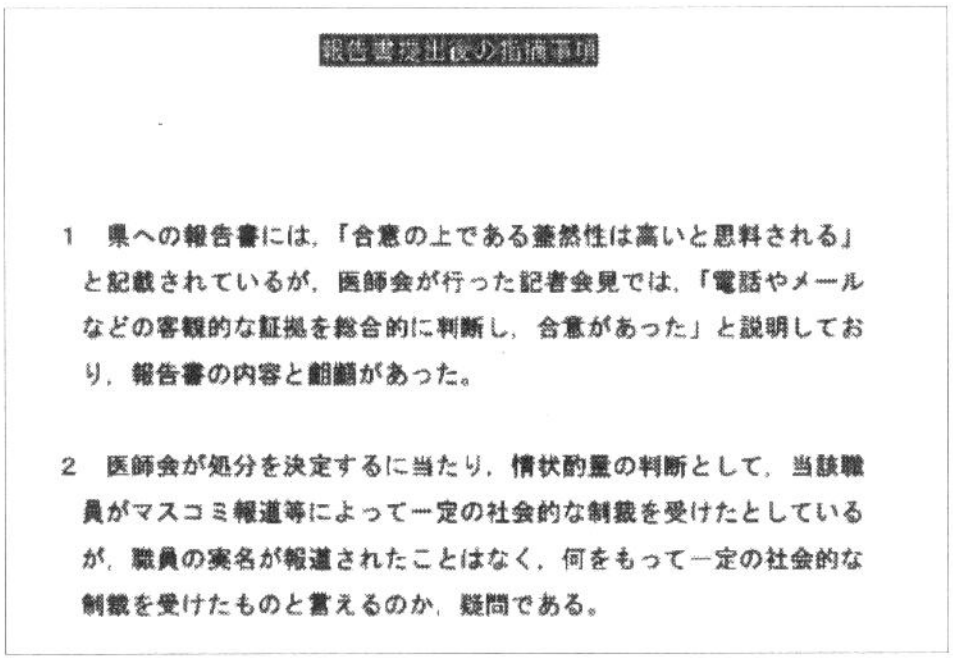

報告書提出後の指摘事項

1　県への報告書には，「合意の上である蓋然性は高いと思料される」と記載されているが，医師会が行った記者会見では，「電話やメールなどの客観的な証拠を総合的に判断し，合意があった」と説明しており，報告書の内容と齟齬があった。

2　医師会が処分を決定するに当たり，情状酌量の判断として，当該職員がマスコミ報道等によって一定の社会的な制裁を受けたとしているが，職員の実名が報道されたことはなく，何をもって一定の社会的な制裁を受けたものと言えるのか，疑問である。

「報告書提出後の指摘事項」

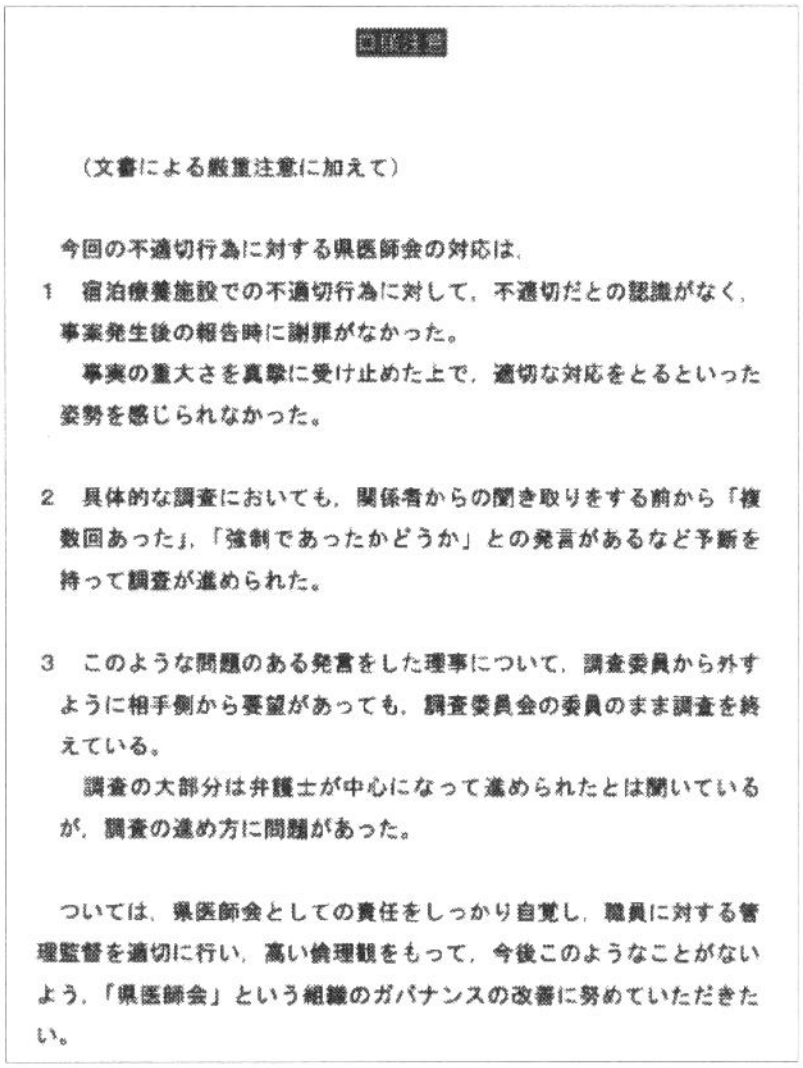

口頭注意

（文書による厳重注意に加えて）

今回の不適切行為に対する県医師会の対応は，

1　宿泊療養施設での不適切行為に対して，不適切だとの認識がなく，事案発生後の報告時に謝罪がなかった。

　事実の重大さを真摯に受け止めた上で，適切な対応をとるといった姿勢を感じられなかった。

2　具体的な調査においても，関係者からの聞き取りをする前から「複数回あった」，「強制であったかどうか」との発言があるなど予断を持って調査が進められた。

3　このような問題のある発言をした理事について，調査委員から外すように相手側から要望があっても，調査委員会の委員のまま調査を終えている。

　調査の大部分は弁護士が中心になって進められたとは聞いているが，調査の進め方に問題があった。

ついては，県医師会としての責任をしっかり自覚し，職員に対する管理監督を適切に行い，高い倫理観をもって，今後このようなことがないよう，「県医師会」という組織のガバナンスの改善に努めていただきたい。

厳重注意文書に加えて「口頭注意」文書

と、一連の文書についての決裁がそれぞれ一枚。内容が公表されていなかった「口頭注意」の本書及び「案」が一枚ずつあり、さらに厳重注意と口頭注意の文案決裁後に作成されたという「報告書提出後の指摘事項」が一枚ある。問題となるのは「口頭注意」と「報告書提出後の指摘事項」だ。

まず「口頭注意」。県は、「厳重注意」の文書を医師会側に手交した際、口頭で次のような厳しい指摘を行っていた。

【口頭注意】

（文書による厳重注意に加えて）

今回の不適切行為に対する県医師会の対応は、

一　宿泊療養施設での不適切行為に対して、不適切だとの認識がなく、事案発生後の報告時に謝罪がなかった。事実の重大さを真摯に受け止めた上で、適切な対応をとるといった姿勢を感じられなかった。

二　具体的な調査においても、関係者からの聞き取りをする前から「複数回あった」、「強制であったかどうか」との発言があるなど予断を持って調査が進められた。

三　このような問題のある発言をした理事について、調査委員から外すように相手側から要望があっても、調査委員会の委員のまま調査を終えている。
調査の大部分は弁護士が中心になって進められたとは聞いているが、調査の進め方に問題があった。

ついては、県医師会としての責任をしっかり自覚し、職員に対する管理監督を適切に行い、高い倫理観をもって、今後このようなことがないよう、「県医師会」という組織のガバナンスの改善に努めていただきたい。

県はまず「口頭注意」において、謝罪の前に「合意があった」を公言した池田会長ら医師会幹部の姿勢を《適切な対応をとるといった姿勢を感じられなかった》と厳しく批判。ついで、《具体的な調査においても、関係者からの聞き取りをする前から「複数回あった」、「強制であったかどうか」との発言があるなど予断を持って調査が進められた》、《問題のある発言をした理事について、調査委員から外すように相手側から要望があっても、調査委員会の委員のまま調査を終えている》と指摘し、《調査の進め方に問題があった》と断定していた。「合意があった」は「予断」に過ぎず、それを前提に進められた医師会の調査過程など認めないということだ。人権を尊重すべき行政機関としては、当然の姿勢である。
「報告書提出後の指摘事項」は、口頭注意の内容を補完する内容だ。

【報告書提出後の指摘事項】
一　県への報告書には、「合意の上である蓋然性は高いと思料される」と記載されているが、医師会が行った記者会見では、「電話やメールなどの客観的な証拠を総合的に判断し、合意があった」と説明しており、報告書の内容と齟齬があった。
二　医師会が処分を決定するに当たり、情状酌量の判断として、当該職員がマスコミ報道等によって一定の社会的な制裁を受けたとしているが、職員の実名が報道されたことはなく、何をもって一定の社会的な制裁を受けたものと言えるのか、疑問である。

調査報告書にあったのは「合意の上である蓋然性は高いと思料される」という文章。一方、医師会の顧問弁護士を務めている新倉哲朗氏（和田久法律事務所）は記者会見で、「電話やメールなどの客観的な証拠を総合的に判断し、合意があった」と断言していた。報告書の内容と食い違っていたのは確かで、県は「齟齬があった」という表現で不快感を示している。ハンターもこの問題を報じた前回の配信記事の中で、同じことを指摘していた。

医師会が処分を決定するに当たり、情状酌量の理由の一つに挙げた「当該職員がマスコミ報道等によって一定の社会的な制裁を受けた」についても、県は「職員の実名が報道されたことはなく、何をもって一定の社会的な制裁を受けたものと言えるのか、疑問である」と指摘。〝一定の社会的な制裁〟を事実上否定した形だ。

県が、職員処分の前提とした「合意の上での性行為」や「一定の社会的制裁」を真っ向から否定したのは確か。つまり、調査結果を受けた上で決まった「停職三カ月」という男性職員の処分内容に、納得していないということを意味している。

これだけ厳しい指摘を突き付けられたにもかかわらず、県医師会は、県から受けた「口頭注意」や「指摘」について一切公表しておらず、ダンマリを決め込んだ状態。組織内では池田体制にとってマイナスになる情報が共有されておらず、同会が県への報告書に記した改善策が、口先だけのものになることは確実だ。

ちなみに、医師会が県に提出した報告書には、事件を起こした背景や組織としての課題、さらには再発防止策がもっともらしく列挙してあるのだが、末尾の「おわりに」のなかで次のように記している。

《本件不適切行為の原因等を考慮し、当会の反省点・課題を明確化し、それに対する再発防止策を検討致しました。本件行為を契機として、当会の問題点が次々に明らかになり、まさしく晴天の霹靂といった気持ちでした。しかしながら、当会は、本件を契機として発覚した様々な問題点に対し、真摯に向き合い、今後、二度とこのような問題が発生しないよう、役職員一同一丸となって努力していく所存であります》

調査委を設置する前から、最高責任者である池田会長や幹部らが「合意の上での性行為」を公言。それを認めてきた県医師会が、この問題に「真摯に」向き合ったと言えるのだろうか。

鹿児島県医師会は「公益社団法人」である。だが、性被害を訴えている女性の人権を平気で踏みにじる組織が守っているのは、公益ではなく、「合意」を言いふらした池田会長個人の立場だ。

これまで、本件に関する配信記事の中で繰り返し述べてきたが、民間企業の職場で従業員が性行為を繰り返していた場合、どのような理由があろうと解雇が普通。性交渉を行ったという事実が認められた時点でアウトだろう。ましてや、男性職員が事件を起こしたのは、新型コロナに感染して苦しむ県民が療養する施設内。その罪はなおさら重いと言わざるを得ない。合意のある、なしによって男性職員の処分の軽重を決めるという県医師会のとった方針は、社会の常識から大きく外れるものなのだ。口頭で医師会側に伝えられた鹿児島県の指摘事項は、関係者の怒りを代弁したものと言えるだろう。鹿児島県医師会の自浄能力が問われている。

【速報】県医師会男性職員が退職（2022・11・4）

新型コロナウイルス感染者の療養施設で、女性スタッフに対し強制性交の疑いが持たれる行為に及んでいた鹿児島県医師会（池田琢哉会長）の男性職員が、一〇月末に退職していたことが分かった。

医師会の男性職員が起こしたわいせつ事件を巡っては、先月二七日に医師会から塩田康一知事に提出された調査報告書や同日に開かれた医師会の記者会見で、同会顧問の新倉哲朗弁護士（和田久法律事務所）が、刑事事件として捜査中の事案であることを無視して「合意に基づく性行為だった」と断定。その上で、「一定の社会的な制裁を受けた」として「情状酌量の上、停職三カ月の懲戒処分」（報告書の記述）という軽い処分にしたことを公表していた。

これに対し鹿児島県は一〇月五日、医師会に対し、文書による厳重注意とは別に口頭で、「具体的な調査においても、関係者からの聞き取りをする前から「複数回あった」、「強制であったかどうか」との発言があるなど予断を持って調査が進められた」、「調査の進め方に問題があった」、「当該職員がマスコミ報道等によって一定の社会的な制裁を受けたとしているが、職員の実名が報道されたことはなく、何をもって一定の社会的な制裁を受けたものと言えるのか、疑問である」などと厳しく糾弾。この問題についての医師会の調査結果と調査過程、さらには男性職員への処分内容に事実上の〝不同意〟を表明していたことが明らかとなっていた。

一連の対応を否定された県医師会上層部は、そうした経緯を県民はもとより組織内の会員にも一切報告せず沈黙。男性職員は、停職期間（三カ月）の満了を待たずに一〇月末をもって退職していた。

一体何があったのか――。周辺を取材したところ、事件を起こした男性職員の復職に、医師会内部から反発が噴出。多くの職員が職場復帰に反対する意思表示をしたため、組織内で男性職員の辞任を模索する動きが出ていたという。

突然の退職を知った医師会関係者は、こう話している。

「退職？ほんとかね。何も聞いていない。そもそも、先日のハンターの記事にあった県からの厳しい指摘についても、報道されるまで誰も知らなかったわけだから。うがった見方かもしれないが、池田会長が言いふらした「合意があった」を既成事実化させた上で、因果を含めて退職させるというシナリオがあったのかもしれない。ただ、医師会職員の間から、特に女性職員からだが、問題を起こした男性職員の職場復帰に反対する声が出ていたのは確かで、嘆願書が提出されたという話があったほどだ。先月の二〇日過ぎくらいにハンターが配信した記事も影響したのかもしれない。いずれにせよ、裏で何があったのか、しっかりと検証したほうがいい」

「情状酌量の上、停職三カ月の懲戒処分」で済んだ男性職員が、なぜ医師会を辞めなければならなかったのか——。疑問を抱いたハンターが追跡取材でつかんだ答えは、わいせつ事件に関する県医師会の調査結果を根底から覆しかねない、とんでもない「事実」だった。詳細は次週からの配信記事で詳しく報じていく。

県医師会、常習ハラスメントを隠蔽
（2022・11・8）

新型コロナウイルス感染者の療養施設で、鹿児島県医師会（池田琢哉会長）の男性職員が女性スタッフに対し強制性交の疑いが持たれる〝わいせつ事件〟を起こしていた問題に絡み、一〇月末に退職した当該職員（以下、本稿では「男性職員」）が、別の複数の女性に対し常習的にセクハラやパワハラを行っていたことがハンターの取材で分かった。

わいせつ事件を受けて県医師会が設置した調査委員会に男性職員のハラスメントに関する証拠が提出され、事実関係が認知されていたことも判明。しかし医師会は、鹿児島県に提出した調査報告書や報告書提出後の記者会見で、ハラスメントの事実には一切触れず、性被害を訴えている女性と男性職員の間に「合意があった」とする見解だけを強調していた。

医師会上層部は、調査委設置以前から「合意があった」と公言していた池田会長の立場を守るため、男性職員によるハラスメントの実態を隠蔽し調査結果を歪めた可能性が高い。

医師会の男性職員が起こしたわいせつ事件を巡っては、九月二七日に医師会から塩田康一鹿児島県知事に提出された調査報告書や同日に開かれた医師会の記者会見で、同会顧問の新倉哲朗弁護士（和田久法律事務所）が、刑事事件として捜査中の事案であることを無視して「合意に基づく性行為だった」と断定。その上で、「一定の社会的な制裁を受けた」などとして「情状酌量の上、停職三カ月」（報告書の記述）という軽い処分にしたことを公表していた。

医師会が、本来なら内規にある「諭旨退職・懲戒解雇事由」にあたるはずの事案を「停職三カ月」という極めて軽い処分にした最大の理由は、調査委が、問題となった性交渉を「合意に基づくもの」と断定したからだ。だが、男性職員がセクハラ、パワハラの常習者だとすれば、当該職員の主張には重大な疑義が生じるだけでなく、療養施設などでの性交渉が、じつは日頃のハラスメントの延長だったとする見立てさえ成り立つことになる。そのため池田会長や顧問弁護士を含む医師会上層部は、別件のハラスメント被害をすべて隠して、ことさら「合意に基づく性行為だった」と喧伝したのではないのか？

では、男性職員は、どのようなハラスメントを行っていたのだろう。男性職員が退職するという情報を得て取材を続けていたハンターに寄せられたのは、ハラスメントに関する数々の証言と、それを裏付けるスマホ画面等の証拠だった。

セクハラの証明

女性　セクハラがひどい。このまま続くなら上に相談する。気持ち悪い。

＊医師会職員とみられる女性から、ＳＮＳ上でこのように厳しく追及されていたのは、新型コロナウイルス感染者の療養施設でわいせつ事件を起こした男性職員。関係者の話によると、男性職員は次のように返信していた。

男性　すみません。やめます。失礼しました。きちんと謝ります。次は絶対ありません。すみません。やって良いことではないと理解しておりましたが。本当に申し訳ありません。

＊セクハラ行為は別の女性にも行っていたようで、被害が広がっていたことを示す記述もある。

女性　派遣さんに抱きつくな。

女性　みんな迷惑している。

＊これに対して男性職員は――。

男性　あなたが言う通り。間違いはありません。明日から心を入れ替えます。

＊殊勝な姿勢をみせる男性職員だが、被害を受けた女性の怒りは収まらず、強い言葉での非難が続いていた。

女性　病気だと思うので治してください。

女性　派遣さんにしたこととか、私が知らないと思ったら大間違いです。絶対許しません。

＊女性の怒りの前に、男性職員は〝完落ち〟。自分のセクハラが病的なものであることを認め、謝罪を繰り返していた。

男性　全て私が悪い。

男性　診断と治療を受ける。

＊この後に被害を受けた女性が放った一言は、男性職員のハラスメントが広範囲に、しかも常習的に行われていたことを示している。

女性　みんな我慢してた。何度すみませんと言われても許さない。一生許さない。

パワハラの証明

男性職員によるパワハラの証拠もみつかっていた。

被害者とみられるのは、新型コロナの療養施設に勤務していた女性の看護師。医師会の関係者らしき人物に、男性職員から〝奴隷扱い〟されたと告白し、話をするたびに動悸がすることや、メールを送信するだけでも「手が震える」と訴えていた。原因は、男性職員によるパワハラである。

興味深いのは、この被害者が男性職員同様に怖がっていた別の女性看護師（以下、A看護師）がいたことだ。被害にあった女性は、そのA看護師についても、話をするたび「動悸がする」ほど嫌な思いをしていることを打ち明けていたという。実は、怖がられていたそのA看護師こそ、調査委の聞き取りに対し、強制性交の被害を訴えている女性スタッフや、かつて女性スタッフとともに働いていた医療機関を悪しざまに語った人物。A看護師の証言が都合よく使われた結果、被害を訴えている女性スタッフについてのでっち上げられた悪評が、医師会関係者の間に広まっていることが分かっている。

パワハラ被害を受けた女性はA看護師と一緒に仕事することを拒んだというが、相談された問題の男性職員は「あまりわがままが過ぎると、勤務できなくなる」「勤務から外す」などと脅しともとれる言葉で勤務を強要していた。パワハラにあった女性看護師は、他にもいたとされる。

虚構の証明

男性職員のセクハラやパワハラは、鹿児島県医師会が男性職員のわいせつ事件を調査するため設置した「調査委員会」の中で認定されていたという。しかし、医師会が九月二七日に塩田知事に提出した調査報告書には、ハラスメントの事実は一切記載されていない。同日に開かれた医師会の記者会見でも、同会顧問の新倉哲朗弁護士が「合意に基づく性行為だった」と強調しただけで、男性職員がハラスメントの常習者であったことにはまったく触れなかった。医師会の男性職員による常習ハラスメントが、意図的に隠されたということだ。

調査委員会の結果を受け、医師会の懲罰委員会が男性職員に下したのは、「停職三カ月の懲戒処分」。その前提については、医師会の調査報告書に詳しく記されていた。報告書の中の「職員の処分」の全文を以下に引用する。

第六　職員の処分

1　X職員の行為は、鹿児島県医師会調査委員会（以下「調査委員会」といいます。）の調査結果を前提にすれば、合意の上である蓋然性は高いと思料されるが、当該行為は、鹿児島県が借り上げ、新型コロナウイルス感染症患者が療養するために使用している宿泊療養施設内およびA医療機関内で行われており、鹿児島県から宿泊療養施設に関する業務委託を受けた当会に対する信用を失わしめるだけでなく、新型コロナウイルス感染症対策事業に協力する医療機関その他の医療機関、さらには鹿児島県民の信頼を損なう行為であり、極めて不適切な行為といわざるを得ません。

2　しかしながら、X職員は、これまで就業規則に反した処分に処せられるようなことはありませんでした。そして、X職員は、鹿児島市外の宿泊療養施設の立ち上げやその他の宿泊療養施設の運営や医療機関のクラスター問題に尽力したことも事実であり、宿泊療養施設の看護師からも評価されております。

他方で、本件行為は、NHK等のマスコミで広く報道されました。報道機関の意図は、不明ですが、その報道内容は、一般人に、あたかもX職員がY氏の意思に反して無理やり強制わいせつ行為や強制性交行為を行ったと疑わせるようなものだったと考えられ、調査委員会の事実認定に反するものだったと考えられます。

当会としましては、X職員がマスコミ報道等によって、自らの非違行為を超えた重大な非違（犯罪）行為を行ったかの如く世間に疑われ、これまで客観的事実とは異なる行き過ぎた社会的な批判を浴び続けたことに関して、一定の社会的な制裁を受けたものと考えます。加えて、X職員は、当会に本件が発覚した後、令和四年二月一五日から自宅待機命令を受けており、その期間は半年を超えております。

3　以上のように、X職員の行為は極めて不適切な行為であり、当会就業規則第五一条の四の⑨「医師会又は職員個人の名誉や信用を著しく傷つけたとき」（論旨退職・懲戒解雇事由）に当該すると考えますが、前記二項で挙げた情状を考慮し、情状酌量の上、停職三カ月の処分を言い渡すものです。

医師会の主張はこうだ。

一　宿泊療養施設における性行為は、「合意」に基づくものだった。

二　これまで男性職員が就業規則に反して処分に処せられるようなことはなかったし、宿泊療養施設の立ち上げや運営、医療機関のクラスター問題などに尽力しており、宿泊療養施設の看護師からも評価されている。

三　一定の社会的な制裁を受けている。

――以上の理由から情状を酌量し、停職三カ月の処分にする。

強制性交の被害を訴えている女性が男性職員を告訴し、これを受理した鹿児島県警が捜査を続けている中での医師会の調査結果は、誰が読んでも無理がある内容だろう。性被害を訴えている女性の人権を、平気で踏みにじる行為であると言うしかない。

セクハラやパワハラは、場合によっては犯罪として罰せられる行為だ。県医師会がどれだけ「人権」を軽んじる団体であろうと、いまのご時世、ハラスメントが就業規則に反していないわけがない。すると「(男性職員は) これまで就業規則に反した処分に処せられるようなことはありませんでした」という調査報告書の記述は事実上の虚偽。複数のパワハラ被害者が存在する以上、「宿泊療養施設の看護師からも評価されている」という話を信じる県民は皆無に近いだろう。当然、嘘と隠蔽によって組織防衛を図ろうとした県医師会・池田執行部による「(性行為が) 合意の上である蓋然性は高いと思料される」という主張の信憑性は大きく揺らぐことになる。

「一定の社会的な制裁を受けている」というもう一つの処分の前提については、これまでの配信記事で述べてきたとおり。男性職員の実名は報道されたことがなく、「一定の社会的な制裁を受けた」とする根拠はどこにもない。

県医師会による調査報告書の記載内容と記者会見での主張は、いずれも〝虚構〟と断ぜざるを得ない。わいせつ事件発覚直後から「合意があった」と言いふらした池田会長と側近、さらには顧問弁護士らは、会長の立場を守るため、調査委員会を使って虚構を既成事実化した可能性が高い。ハンターはその証拠も握っており、次週の配信記事で詳しく報じる予定だ。

議事録に見る報告書ねつ造の可能性
(2022・11・18)

鹿児島県医師会が、新型コロナウイルス感染者の療養施設などで起きた強制性交が疑われる事件の裏にあったハラスメント被害を組織として把握しながら握りつぶし、池田琢哉会長が吹聴した「合意があった」という主張に合わせた調査報告書を県に提出していたことが分かった。報告内容のねつ造が疑われてもおかしくない事態だ。

ハンターが独自に入手した第一回調査委員会の記録文書（議事録）から明らかになったもので、医師会が設置した調査委は、性行為をはたらいた医師会の男性職員が常習的にセクハラ・パワハラを行っていたことを示す証言や証拠を確認しておきながら、調査報告に反映させず、懲戒理由にも加えていなかった。医師会は、県への報告にはもちろん、県民向けの記者会見でも男性職員のハラスメントに触れておらず、組織ぐるみで真相を歪めた可能性がある。

「強制性交」に結びつく可能性があるハラスメントの事実が隠された結果、男性職員や池田氏が主張した「合意に基づく性行為」だけが強調され、被害を訴える女性の人権が著しく侵害された形になっている。

調査委、ハラスメントを把握

広範囲に被害者を出していたとみられる男性職員のハラスメントは、「合意に基づく性行為だった」とする男性職員の証言を一方的に採用し、それを喧伝することで自己保身を図ったとみられる池田会長にとっては極めて都合の悪い事実。顧問弁護士らで構成された調査委は、一回目の会議でハラスメントの実態を把握していたが、九月二七日に鹿児島県に提出した調査報告書にはその点について何も記載されていなかった。医師会として経緯を説明した記者会見でも、医師会側はハラスメントについて一切言及していない。弁護士も加担した組織ぐるみの真相隠しが疑われる。

男性職員のセクハラが指摘されている調査委第１回会議議事録

九月二七日に開いた記者会見で医師会顧問の新倉哲朗弁護士（和田久法律事務所）は、ハラスメントのことを伏せたまま、刑事事件として捜査中の事案であることを無視して「合意に基づく性行為だった」と断定。一方的に強制性交を否定していた。

男性職員の行為について検証するため医師会が設置した調査委員会が開いた第一回会議の議事録を確認したところ、新倉弁護士が、男性職員や池田会長ら医師会幹部が主張していた「合意に基づく性行為」を前提に、調査委の議論を進めようとしていたことがうかがえる記述が多数あった。

それによると、新倉弁護士は会議の冒頭、男性職員によるセクハラとパワハラを調査に加えることを宣言していた。

新倉弁護士　本調査委員会における調査範囲について、

セクハラやパワハラも含めた懲戒事由を調査することとなった。

別の弁護士からは、セクハラの実態を示す報告がなされていたことも分かる。

早瀬弁護士　この件とは別に、セクハラを受けた話について二名の職員に話を聞いた。◆◆◆◆さん、●●●●さんの二名。◆◆◆◆さんは、（男性職員が）下ネタをＬＩＮＥで送ってくる、そういうキャラクターだと思ってかわしていた。三〜四年前、胸を揉まれた。他の職員がいても平気でやっちゃう。スキンシップのハードルが低い人。おおごとにするつもりはなかったと。●●さんは、誰もいない時に頬っぺたにキスをされたりということもあった。派遣社員の▽▽▽さんがエレベーターの中でハグをされた。令和二年九月に、やめろというＬＩＮＥを送った。■■課長にも報告するようにと言った。できれば、派遣さんについては無記名でもアンケートをして欲しいと話をしている。

ハラスメントについての話を把握していた新倉弁護士は、宿泊施設内でのハラスメントについて報告を求めていた。

新倉弁護士　医師会内部でもそういう話（セクハラ・パワハラの話）がある。宿泊施設内でもあったのではないか。

会議の中で、医師会の役員がこう打ち明けている。

医師会役員　（男性職員から）セクハラをしてしまった（と報告を受けた）。（相手から）病気じゃないのと言われたらしい。東急ハンズの一番上にあるお店で、一〜二時間くらい本人（男性職員）と話をした。親密さから抱きついてキスをしたのを、本人は愛情表現と言っていたが、私は、普通しないよねと言い、セクハラなんだから謝罪するしかないよねと話をした。訴えられたらどうする。

この医師会の役員は、問題の男性職員と別の女性看護師を嫌がる新型コロナ療養施設のスタッフが、ＬＩＮＥで、男性職員によるパワハラを訴えてきていたことも明かしている。

医師会役員　（男性職員から）勤務から外すというＬＩＮＥが来て、不安でしょうがないという感じだった。本人はハラスメントと感じている状態だった。

これはすべて第一回調査委員会の記録であり、早い段階において男性職員のハラスメントが医師会内部の共通認識になっていたことは明らかだ。しかし、男性職員によるこうしたハレンチ行為は懲戒処分の理由に加えられず、対外的に公表もされなかった。何故か――。

「合意があった」に誘導か

疑問に対する答えは、この会議の中で出されていた。県医師会が調査委員会を設置することになった原因は、男性職員によるコロナ療養施設内でのわいせつ行為。本来なら事実認定された時点で〝懲戒解雇〟が当然だ。しかし、池田琢哉会長は今年二月一〇日、強制性交の被害を訴えている女性の話も聞かないうちに、わざわざ県庁の担当局に出向いて「強姦といえるのか、疑問」、「（警察からは）事件には該当しないと言われている」などと男性職員を庇う姿勢をみせていた。

同月二二日に開かれた県医師会郡市医師会長連絡協議会ではさらに踏み込んで、「本人（男性職員）によりますと、昨年八月下旬から九月上旬にかけて当該医療機関と宿泊療養施設内で複数回、行為を行った。そのうち、性交渉が五回で、すべて合意のもとであった」、「まあ、ちなみに本事案は短時間の間になされて数回性交渉が行われていることは双方の代理人弁護士の主張からも明らかで、強姦とは言い難いと思います」、「今日あったこういう情報（合意があったという情報）をですね、ある程度かみ砕いて伝えていただければ、現状はこうなんだよということをですね、伝えていただければありがたいなと思います」などと話していたことが分かっている。

いずれの発言も、〝合意があっての性交渉だから問題ない〟という身勝手な考えに基づいており、事案の矮小化を図ろうという狙いがみえみえ。療養施設で不安を抱えながら過ごしていたコロナ患者に対する配慮や、「強制性交」の被害を訴えている女性に対する思いやりの気持ちは一切なかった。

医師会の顧問を務める立場としては当然なのかもしれないが、新倉弁護士は、こうした池田氏の姿勢に沿う形で会議をリードしていた。〝誘導〟ともとれる同弁護士の、会議での主な発言を拾ってみた。（＊以下、議事録にある男性職員の実名を伏せ「男性職員」と表記）

新倉弁護士　事実認定を公正公平にしていくことになるが、証拠品が足らない。客観的な証拠が非常に重要。メッセンジャーやメールなどは、後から偽造ができないので、事実認定のために重要である。最終的に、合意かそうでないかの事実認定をどこまでするのかを決めなければならない。既に刑事告訴されているので、裁判、警察による捜査、検察による捜査、裁判という流れになる可能性がある。そうなれば、裁判所が最終的な事実認定をする。しかし、検察が不起訴にしたら、誰も事実認定をしないことになる。合意があれば、不起訴にするはず。強姦があった場合でも、罪の判断を下すのは裁判所。あくまでも懲戒事由に関しての事実認定になる。

新倉弁護士　現在、証拠書類が男性職員側からしか来ていない。一一月一日の資料二、女性側から男性職員に送ってきたメールらしいが、（女性側が）行為があったのは一回だけであること（と述べている）。（女性側から）これまでのメッセンジャー等の削除依頼が来ており、（女性側が）証拠隠蔽をお願いしている。こちらは男性職員には有利。しかし、資料四の謝罪文に関しては不利。これから裏付けの証拠が男性職員から出る、女性側からもっと客観的資料が出るかもしれない。

新倉弁護士　（女性からのメールは）男性職員の主張を裏付ける証拠になるんじゃないか。県への報告書は、証拠書類や委員の意見を反映させたものを作る。新聞報道は、そのあたりでしっかりこちらの主張を言うのかなと思う。謝罪文は男性職員がレイプを認める内容だが、九月三〇日だけのこと。刑事事件だったら、いつ、どこでという事実認定をしないといけないが、日時は置いておいて、場所は重要だと思う。懲戒認定ではそれでいい。

性被害を訴えている女性の立場を尊重する姿勢は皆無。どう見ても男性職員寄りの発言ばかりだが、新倉弁護士の発言を受けた医師会の大西浩之常任理事（＊現在は副会長。医師会の会議で池田氏の「合意論」を補強）は、「トラブルがあった九月三〇日の後も、（被害を訴えている）女性から会いたいと言ってるので、私は強制的ではないと思う。保護しているドクターからの情報で一〇月七日に（被害を訴えている女性の姓名）の方から会いたい（とあり）、そのメールに男性職員は、忙しいから会えないというやり取りもある」として、被害を訴えている女性と男性職員との間で交わされたメールの記述を理由に、「強制的ではない」と短絡的な見方を示していた。その後の、新倉弁護士の発言はこうだ。

新倉弁護士　大西先生が言ったような物（女性の方から会いたいと送信し、男性職員が、忙しいから会えないと返信したメールのやり取り）があるなら、起訴はされない。検察、警察は動かない。

新倉弁護士　警察で受け取って、こっちで調べますねと周りから調べて行って、最後に本人から聞く。告訴があったとしても、男性職員に今いってないのは不自然ではない。（男性職員の代理人弁護士の）▲▲▲先生さえ、バーンと（男性職員と被害を訴えている女性の間で交わされたメールのデータを）出してくれれば、ここで話をしなくてもいい。

こうなると真相究明を目的とする調査委員会の進行役というより、事件を起こした男性職員の罪を軽くするための主任弁護人。はなから「合意に基づく性行為」という結論に持っていくための動きだったとみられても仕方がない発言が続いていた。

新倉弁護士の本音が透けて見える発言もある。

新倉弁護士　懲戒事由を宿泊療養施設まで広げるのかどうか。

男性職員のハラスメントを調査対象にすると宣言しておきながら、懲戒事由を宿泊療養施設まで広げることを躊躇するかのような発言だ。明らかに整合性に欠ける。

推測になるが、療養施設でのハラスメントまで明らかにした場合、女性から訴えが出ている「強制性交」の信憑性が高まるということを見越した新倉弁護士が、対象を広げた調査を避けようとしたのではないか。そして実際には、宿泊施設でのパワハラも医師会内部のセクハラも握りつぶされ、男性職員にとって不利な事実が表面化することはなかった。

ハラスメント隠蔽の背景

先週八日、男性職員が、常習的にセクハラ、パワハラを行う人物だったことを報じた。調査委員会の議事録からは、その事実が県医師会上層部の共通認識となっていたことや、同会顧問の新倉弁護士が、調査委の初回会合でハラスメントを懲戒処分の対象に加えると宣言していたことも明らかとなった。

医師会の女性職員にだけではなく、宿泊医療施設に勤務していた組織外の女性にまで及んでいたハラスメントの被害――。同時期に起きたのが、「強制性交」の疑いが持たれている事件だったという事実を重ねれば、池田会長ら医師会幹部による「合意に基づく性行為」という主張の信憑性は大きく揺らぐ。

おさらいになるが、鹿児島県への調査報告書に記された医師会の主張はこうなっている。

一　宿泊療養施設における性行為は、「合意」に基づくものだった。

二　これまで男性職員が就業規則に反して処分に処せられるようなことはなかったし、宿泊療養施設の立ち上げや運営、医療機関のクラスター問題などに尽力しており、宿泊療養施設の看護師からも評価されている。

三　一定の社会的な制裁を受けている。

——以上の理由から情状を酌量し、停職三カ月の処分にする。

調査委員会の議事録と、前稿で紹介したハラスメントを証明する証拠となるスマホの画面等から導き出されるのは、県に提出された調査報告書の内容が、真相を隠して都合のいいように捻じ曲げられた（つまりねつ造された）ものだったのではないかという見立てだ。真相隠しの目的は、言うまでもなく二〇一〇年から続く池田体制の維持。今年五月の医師会長選挙を控えていた池田氏やその周辺が、大した根拠もなく吹聴してしまった「合意があった」を引っ込められなくなり、歪曲された筋書きに沿った調査結果を求めた可能性がある。女性の人権を顧みない調査結果を導き出したのが医師会側についた弁護士たちだったとすれば、残念というしかない。

ところで、取材を進めてきたハンターの記者は、男性職員のわいせつ行為が強制性交だったか否かを検証する上で、重要な役割を果たすことになる証拠を掴んでいる。もちろん医師会は、その証拠も保有しているはずだ。次の配信記事で、「証拠」が残された経緯に迫りたい。

「罪状」認めた男性職員の文書画像（2022・11・25）

鹿児島県医師会（池田琢哉会長）の男性職員が、新型コロナウイルス感染者の療養施設で強制性交の疑いが持たれる行為を行っていた問題を巡り、「合意に基づく性行為」だったと公表した医師会の調査委員会が、早い段階でその主張を覆す決定的な〝証拠〟を取得していたことが分かった。

男性職員の常習的なハラスメントを握りつぶした医師会が、都合の悪い材料の証拠能力を意図的に過小評価し、「合意に基づく性行為」だけを強調したのは確か。

男性職員が自ら認めた「罪状」

今月一八日の配信記事で報じたとおり、県医師会が設置した調査委員会は、第一回の会議で性行為をはたらいた男性職員が常習的にセクハラ・パワハラを行っていたことを示す証言や証拠を確認しておきながら、調査報告に反映させず、懲戒理由にも加えていなかった。

組織ぐるみで真相を歪めた可能性が高いが、ハンターは、独自に入手した調査委の議事録に記されていた医師会顧問・新倉哲朗弁護士（和田久法律事務所）の発言の一節に注目した。下に再掲した新倉弁護士の発言のうち、傍線で示した文言だ。

新倉弁護士　現在、証拠書類が男性職員側からしか来ていない。一二月一日の資料二、女性側から男性職員に送ってきたメールらしいが、（女性側が）行為があったのは一回だけであること（と述べている）。（女性側から）これまでのメッセンジャー等の削除依頼が来ており、（女性側が）証拠隠蔽をお願いしている。こちらは男性職員には有利。しかし、資料四の謝罪文に関しては不利。これから裏付けの証拠が男性職員から出る、女性側からもっと客観的資料が出るかもしれない。

新倉弁護士　（女性からのメールは）男性職員の主張を裏付ける証拠になるんじゃないか。県への報告書は、証拠書類や委員の意見を反映させたものを作る。新聞報道は、そのあたりでしっかりこちらの主張を言うのかなと思う。謝罪文は男性職員がレイプを認める内容だが、九月三〇日だけのこと。刑事事件だったら、いつ、どこでという事実認定をしないといけないが、日時は置いておいて、場所は重要だと思う。懲戒認定ではそれでいい。

一連の性行為を「合意に基づくもの」だったと主張している男性職員が「不利」になる「謝罪文」があるということ。さらに、謝罪文が「レイプを認める内容」であることが読み取れる。

一体どのような内容なのか――。取材を続ける中、ハンターは、男性職員が性被害を訴えている女性の雇用主に送信したとされる二種類の文書の「画像」を入手した。

問題の文書は、強制性交が疑われるわいせつ行為が発覚し

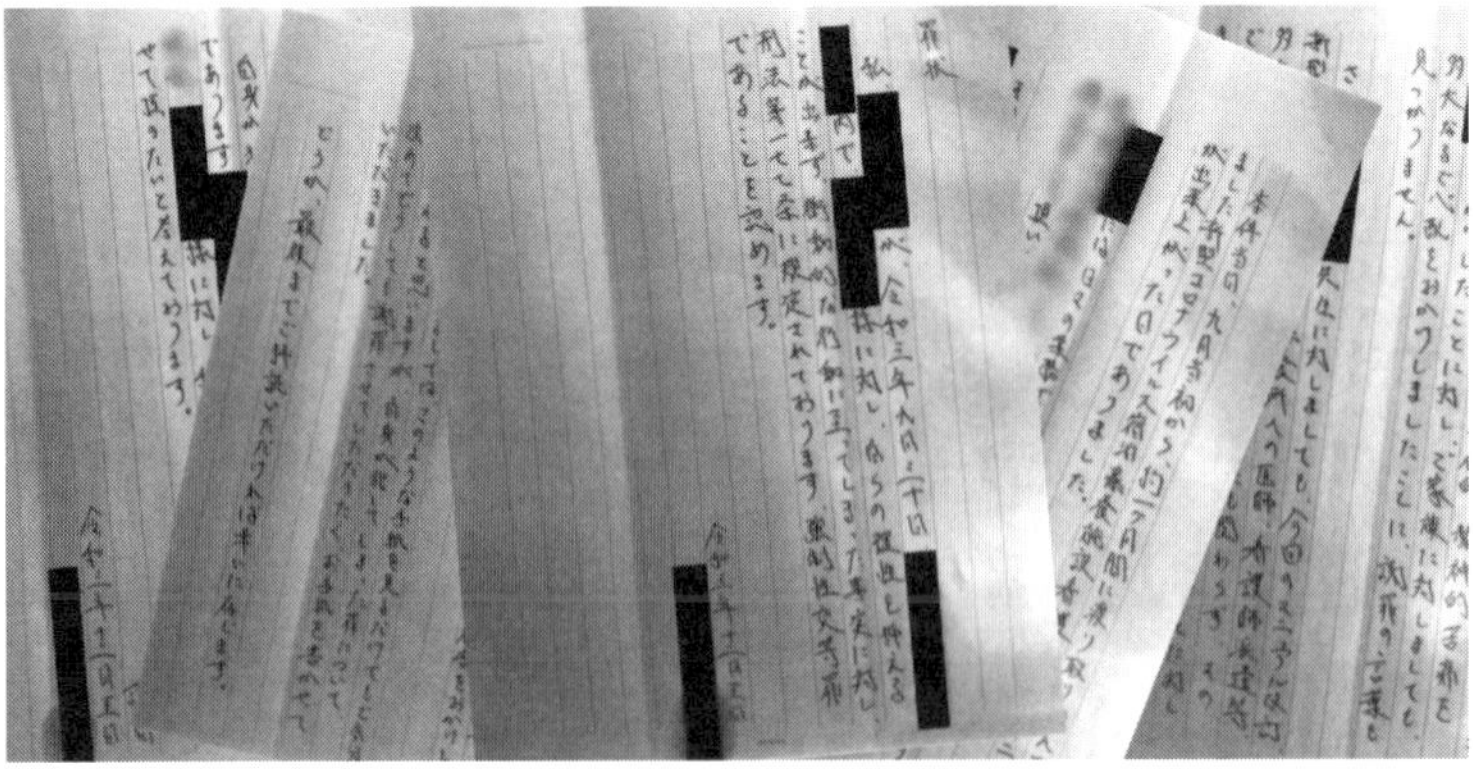

男性職員の「強制性交罪であることを認めます」という文書と「詫び状」

た直後、男性職員が、性被害を訴えている女性の雇用主に送付したとされる「文書の画像」。計五枚の便せんに、二種類の内容が手書きされている。

まず一枚は「罪状」と題するもの。四枚が、被害を訴えている女性スタッフに宛てた「詫び状」にあたる手紙である。以下、個人名や女性の雇用者が分かる部分を省いた記載内容である。まず、「罪状」と題される文書には、こう記されている。＊以下、個人名や法人名などはすべて隠して●、△、□で表記。●＝男性職員、△＝被害を訴えている女性、□＝女性の雇用主及び事業所名

罪状

私、●●●●が、令和三年九月三十日、□□□□□□□□□□□内で、△△△△様に対し、自らの理性を抑えることが出来ず、衝動的な行動に至ってしまった事実に対し、刑法第一七七条に規定されております。強制性交等罪であることを認めます。

令和三年十二月五日　●●●●

男性職員が手書きしたとされる「罪状」と題する文書には、「強制性交等罪であることを認めます」と明記してある。その上で男性職員は、被害を訴えている女性に「詫び状」と思われる文面の文書を作成していた。詫び状には、次のように記されている。

△△△△様

謹啓

このたび、私●●●●は、自らの理性を抑えることが出来ず、△△様に対し、多大なる身体的・精神的苦痛の被害をおかけし、誠に申し訳ございませんでした。

△△様におかれましては、このような手紙を見るだけでもご気分を害されると思いますが、自身が犯してしまった罪について、改めてどうしても謝罪させていただきたく、お手紙を書かせていただきました。

どうか、最後までご拝読いただければ幸いに存じます。

本件当日、九月当初から、約一カ月に渡り取り組んできました新型コロナウイルス宿泊療養施設看護師業務マニュアルが出来上がった日でありました。

△△様には、日々の業務で大変ご多忙の中、（略）をして頂いておりました。

そのような姿勢を間近で感じながら、お仕事をさせて頂く中で、△△様に対する気持ちが日を追うごとに強くなっていることを感じており、当日、自らの理性を抑えることが出来ず、衝動的な行動に至ってしまいました。

私が、今回犯してしまった罪は、どのような理由があっても決して許されるものではありません。私の犯してしまった罪により、約二カ月の間、食事もまともに取れず、仕事もままならない状態であり、多大なる身体的・精神的苦痛を△△様におかけしたことに対し、ご家族に対しましても、多大なるご心配をおかけしましたことに、謝罪の言葉も見つかりません。

さらに□□□□先生に対しましても、今回のマニュアル改訂新型コロナウイルス宿泊療養所への医師、看護師派遣等、ご厚意に対し、踏みにじる行為をしてしまったことに対しましても、お詫びの言葉もございません。

自らが、今回、理性を抑えることが出来ず、衝動的な行動に至った事実につきまして、妻ならびに両親に説明を行い、自分が犯してしまった罪に対し、誠心誠意、△△様に対し犯してしまった罪の重さ、取り返しのつかない過ちを犯してしまったことに対する反省の思いしかありません。

自身が犯してしまった罪に対し、△△様ならびに雇用主であります□□□□様に対し、私が出来る最大限の弁償をさせて頂きたいと考えております。

謹白

令和三年十二月五日

「自身が犯してしまった罪」「自らの理性を抑えることが出来ず、衝動的な行動に至ってしまいました」――。男性職員が強制性交の事実を認め、その経緯を告白する内容だ。男性職員は、この手書き文書を作成し、女性の雇用主に画像だけを送信していた。その経過をみると、〝見せかけ〟の謝罪だった可能性が高い。

調査委員会の議事録で明らかになっているとおり、県医師会の顧問を務める新倉哲朗弁護士は、調査委の会議の中で「資料四の謝罪文に関しては不利」と話していた。その「資料四」こそが本稿で紹介している文書の画像。確かに男性職員にとっては「不利」な材料だ。しかし新倉弁護士は、「謝罪文は男性職員がレイプを認める内容だが、九月三〇日だけのこと」として、他の性行為についての告白ではないという見方を示していた。男性職員側に立って、罪を軽くしようとする姿勢が見える。

医師会上層部も、早くから提出されていたこの画像の文面について、男性職員の言い分だけを採用して組織内に広げていた。今年二月二二日に開かれた県医師会郡市医師会長連絡協議会で、大西浩之常任理事（現・副会長）は、男性職員が女性の雇用主から「慰謝料を請求された」、「土下座をさせられた」などとした上で、「まあ、そういう状況から混乱したA職員（男性職員のこと）は事実と違うと思いながらも三〇〇万程度で収まるのなら何とかなると考え、そういうふうにA職員は考えたわけです。その後のやり取りで桁が一桁違ってきたため、断念。体調を崩し、一〇日程度の休みを取っています」などと発言していた。「脅迫」「恐喝」を指摘した無責任な医師会役員がいたことも分かっており、医師会上層部が、そろって男性職員の「罪状」や「詫び状」といった犯行を認めた文書の証拠価値を否定した形だ。

セクハラの証拠と酷似する文面

医師会側がどう工作しようと、男性職員が書いた二種類の文書の証拠価値が否定されることはない。なにより、男性職員がこの文書を書いたのは、女性や女性の雇用主の目の前ではなく、被害を訴えている女性側の関係者が一人もいない場所。男性職員や医師会側は、あたかも女性の雇用主に脅されて〝書かされた文書〟と主張しているようだが、離れた場所にいる男性職員が、怖がって詫び状や罪状を認める文書を書くとは思えない。むしろ、画像だけを送ったことからも、その場しのぎの弥縫策で時間稼ぎをしたとみる方が自然だろう。男性職員には、セクハラを咎められ、ひたすら「お詫び」して逃げを打ったという前歴があることも明らかになっているからだ。ここで、今月八日の配信記事で報じた男性職員とセクハラ被害にあった女性との、SNS上のやり取りを再掲してみたい。

女性　セクハラがひどい。このまま続くなら上に相談する。気持ち悪い。

男性　すみません。やめます。失礼しました。きちんと謝ります。次は絶対ありません。すみません。やって良いことではないと理解しておりましたが。本当に申し訳ありません。

女性　派遣さんに抱きつくな。みんな迷惑している。

男性　あなたが言う通り。間違いはありません。明日から心を入れ替えます。

女性　病気だと思うので治してください。派遣さんにしたこととか、私が知らないと思ったら大間違いです。絶対許しません。

男性　全て私が悪い。診断と治療を受ける。

女性　みんな我慢してた。何度すみませんと言われても許さない。一生許さない。

罪を認めてひたすら謝るところは、強制性交の被害を訴えている女性の雇用主に送った二種類の文書の文面とそっくりだ。つまり男性職員は、性的な行為が問題になるたびに、見え透いたお詫びや謝罪を繰り返して保身を図っていた可能性が高い。

男性職員のこうした「性癖」を知っていた県医師会が、ハラスメントの事実や二種類の文書を握りつぶしたのは、「合意に基づく性行為」という池田会長が吹聴した主張が崩れるのを恐れたからに他なるまい。県医師会の上層部や顧問弁護士に、性被害を訴えて刑事告訴までした女性の人権を守ろうという意識は、ない。

真相を隠し、鹿児島県民に〝ねつ造〟の疑いさえある「合意に基づく性行為だった」という結果だけを公表した県医師会――。池田会長は、どう責任をとるのか？

認識されていた「強制性交」
（2022・12・2）

鹿児島県医師会（池田琢哉会長）の男性職員が、新型コロナウイルス感染者の療養施設で強制性交の疑いが持たれる行為を行っていた問題で、医師会と県弁護士会の会長まで務めた弁護士が公表したのは、女性の人権を無視した「合意に基づく性行為」という調査結果。ハンターの取材で、次々とその結論が否定される証拠が見つかる中、今度は、一時医師会内部でも「強制性交」を認めざるを得ない状況となっていたことが分かる文書の存在が明らかとなった。

またしても男性職員に不利な材料

ハンターが新たに入手したのは、男性職員の代理人弁護士が、県医師会の顧問を務める新倉哲朗弁護士（和田久法律事務所）に提出した「申入書」のコピー。写真がその文書の一部である。ハンター編集部が黒塗りしたのが被害を訴えている女性の情報と男性職員側の情報だ（＊アンダーラインもハンター編集部）。

Ａ４判の用紙二枚にまとめられた申入書は、男性職員の陳述書を提出するに至った理由と、秘密厳守を強く求める内容。注目したのはアンダーラインで示した文言だ。「△△氏の陳述書が相当詳細であり、（略）△△氏の供述も詳細であることから、○○氏の陳述書について信憑性があるとみなし、強制性交の事実が認定される可能性がある、と伺った」とある。
（＊△＝被害を訴えている女性）

申入書が提出されたのは今年の五月二六日。調査委員会は三月三日に第一回会議を開き、七月七日に最後の第六回を開いており、申入書は第二回（五月一三日）と第三回（六月二日）の間に提出された形となっている。六月二日の第三回会議の議題に男性職員の陳述書が挙げられていることから、この中

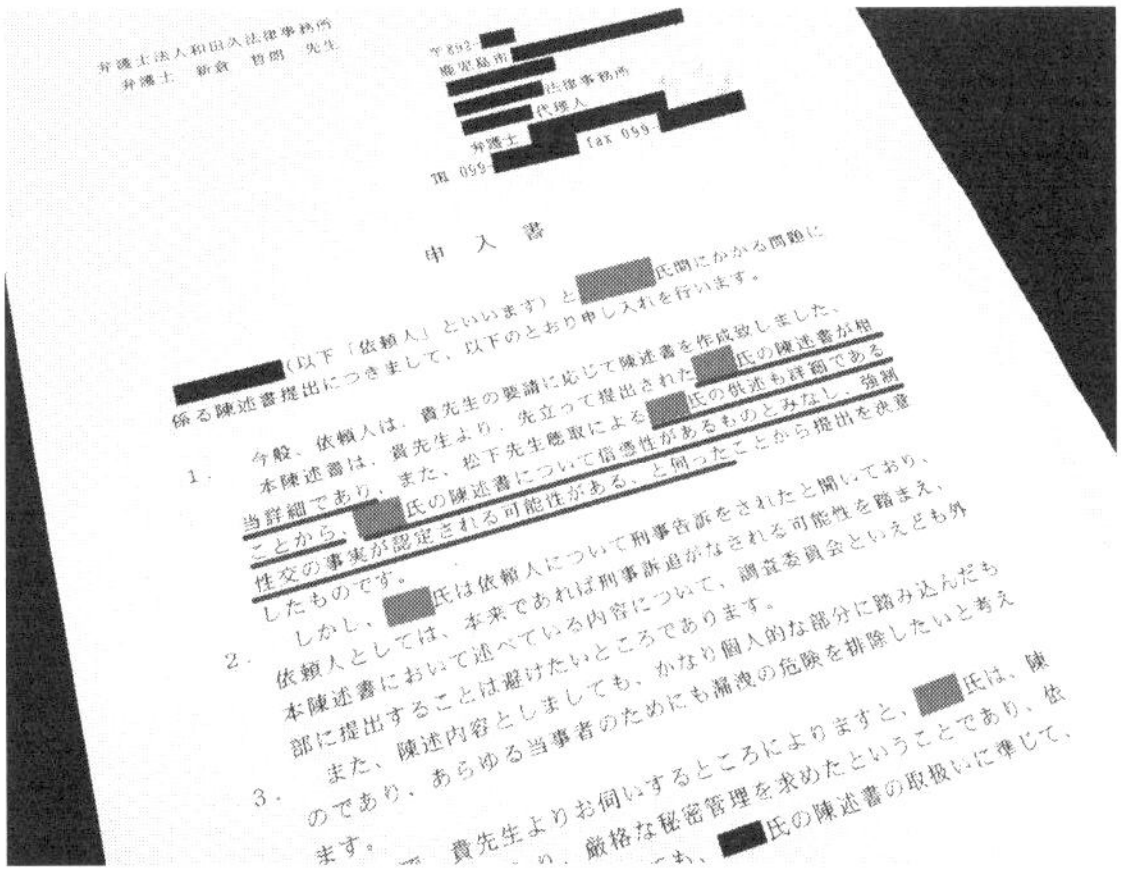
弁護士法人和田久法律事務所
弁護士　新倉　哲朗　先生

〒892-[redacted]
鹿児島市[redacted]
[redacted]法律事務所
[redacted]代理人
弁護士[redacted] fax 099-[redacted]
TEL 099-[redacted]

申　入　書

[redacted]（以下「依頼人」といいます）と[redacted]氏間にかかる問題に係る陳述書提出につきまして、以下のとおり申し入れを行います。

1.　今般、依頼人は、貴先生の要請に応じて陳述書を作成致しました。本陳述書は、貴先生より、先立って提出された[redacted]氏の陳述書が相当詳細であり、また、松下先生聴取による[redacted]氏の供述も詳細であることから、[redacted]氏の陳述書について信憑性があるものとみなし、強制性交の事実が認定される可能性がある、と伺ったことから提出を決意したものです。

2.　しかし、[redacted]氏は依頼人について刑事告訴をされたと聞いており、依頼人としては、本来であれば刑事訴追がなされる可能性を踏まえ、本陳述書において述べている内容について、調査委員会といえども外部に提出することは避けたいところであります。
また、陳述内容としましても、かなり個人的な部分に踏み込んだものであり、あらゆる当事者のためにも漏洩の危険を排除したいと考えます。

3.　貴先生よりお伺いするところによりますと、[redacted]氏は、陳
厳格な秘密管理を求めたということであり、依
[redacted]氏の陳述書の取扱いに準じて、

男性職員の代理人弁護士が、県医師会の顧問を務める新倉哲朗弁護士に提出した「申入書」

入書は、六月初めには調査委のメンバーに回覧されていたとみられる。

つまり、少なくとも今年の五月末頃までは、新倉弁護士を含む調査委内部に「強制性交を認定せざるを得ない」という認識があったということになる。しかし、医師会が九月二七日に鹿児島県に提出した本件についての「調査報告書」には、強制性交が疑われていたことや、「合意に基づく性行為」という男性職員側の主張を退けかねないハラスメントの事実は一切記載されていなかった。

男性職員にとって不利な材料は、同日開かれた医師会の記者会見でも言及されておらず、医師会の顧問を務める新倉哲朗弁護士が強調したのは池田琢哉会長が吹聴していた「合意に基づく性行為」だった。調査報告書作成の過程で、「不都合な真実」が隠蔽されたことは確かだ。

県医師会が「合意」にこだわった理由は……

では何故、県医師会上層部が事件の真相を歪め、性被害を訴えている女性の人権を踏みにじってまで「合意に基づく性行為」にこだわったのか――。

わいせつ事件の検証が始まる前から「合意論」を振りかざしていた池田医師会長の立場を守るという目的があったことは想像に難くないが、池田氏とその周辺は、ある時期から〝事件〟を別の目的に利用した可能性が高い。ハンターは、そのための「合意論」であることを証明する「証拠」を複数の医師から入手しており、次稿で詳しく報じる予定だ。

鹿児島県医師会は明日三日、鹿児島市内のホテルで代議員と役員の合同会議を開き、「新型コロナウイルス感染症の宿泊療養施設内における不祥事について」と題して「報告」を行うという。九〇分という限られた時間の中で「報告」に割かれているのは五〇分。医師会幹部や顧問弁護士らが、「合意に基づく性行為」を強調するものとみられている。

第三章　男性職員の父親は元警察官

男性職員の父は元警官（２０２３・１・20）

昨年一月、鹿児島県警鹿児島中央警察署が、性被害を訴えて助けを求めに来た女性を事実上の「門前払い」にしていたことが分かった。応対した警察官は、被害を訴える女性が持参した告訴状の受理を頑なに拒み、様々な理由を付けて「事件にはならない」と言い張ったあげく女性を追い返していた。

背景にあるとみられるのは、身内をかばう「警察一家」の悪しき体質と性被害への無理解。意図的な不作為が、醜悪な人権侵害につながった可能性さえある。

聴取数時間、告訴断念を迫った女性警官

関係者の話によれば、鹿児島中央署が強制性交の告訴状受理を拒んだのは昨年一月。同署に助けを求めたのは、県が設置した新型コロナウイルスの療養施設で鹿児島県医師会の男性職員（昨年一〇月に退職）に強制性交されたとして告訴状を提出しようとした療養施設の女性スタッフAさんだった。

Aさんに応対したのは、同署強行犯係の「マエゾノ」と名乗る女性警察官だったが、「自分も性被害にあったことがある。それをなくすために警察官になった」と言いながら、終始一貫して訴えの受理を拒絶。「防犯カメラなどの証拠がない」、「（訴えると）精神的にも労力的にも大変。あなたが望む結果にはならない」などと言い募り、「検事が判断する材料がない」として突き放していた。

女性警察官は聴取中、「上司に確認してくる」と何度も離席。指示を受けたらしく、「（訴えは）受理できない」として何度も告訴断念を迫っていた。当日の女性警察官の言動からみて、鹿児島中央警察署が、組織ぐるみで強制性交が疑われる事案のもみ消しを図った可能性が高い。

「犯罪捜査規範」に抵触

一九五七（昭和三二）年に国家公安委員会規則として、警察官が捜査活動の際に守るべき心構えや捜査方法、手続き等を定めた「犯罪捜査規範」が制定された。その六三条には、告訴や告発への対応について次のように定められている。

（告訴、告発および自首の受理）

第六三条　司法警察員たる警察官は、告訴、告発または自首をする者があったときは、管轄区域内の事件であるかどうかを問わず、この節に定めるところにより、これを受理しなければならない。

二　司法巡査たる警察官は、告訴、告発または自首をする者があったときは、直ちに、これを司法警察員たる警察官に移さなければならない。

犯罪捜査規範に従えば、告訴状を受理するのが警察に課せられた義務。告訴状に不備がなければ、受理した上で捜査を尽くすのが警察官の仕事なのである。やらない、できないというのであれば、関係した警察官は全員辞職すべきだろう。

鹿児島中央署でAさんの聴取にあたった〝マエゾノ〟という女性警察官（現在は異動）は、「上司に確認してきます」と言って何度も離席していることから、調書の作成などについて大きな権限が認められた巡査部長以上の「司法警察員」ではなく、「司法巡査」と呼称される巡査か巡査長だとみられる。つまり、鹿児島中央署の上級職は、後ろに隠れて権限を有しない警察官に対応させ、告訴を断念させるよう仕向けたということだ。意図的な不作為で〝もみ消しを図った〟と言っても過言ではあるまい。

警察の不作為による被害

警察の不作為によって凶悪犯罪を招いたり、被害者が泣き寝入りしたりするケースが後を絶たない。一九九九年に起きた「桶川ストーカー殺人事件」では、埼玉県警上尾署がストーカー被害を受けていた女子大生とその家族の訴えを黙殺した結果、女子大生が殺害されるという悲劇を生んだ。さらにこの時は、メディアスクラムといくつもの虚報によって、亡くなった被害者の名誉が著しく棄損されている。

直近では二〇一九年、佐賀県鳥栖市に住む一家の主婦に絡んだ金銭要求や脅迫などの被害を訴えて相談に来た夫に応対した佐賀県警鳥栖署が、被害届を受理せず動こうとしなかったことが原因で、福岡県太宰府市内で主婦が殺害されるという「太宰府事件」が発生。責任を追及された佐賀県警の本部長が更迭されるなど、警察の「不作為」が社会問題化した。

事件から逃げる姿勢は、特に鹿児島で顕著だ。二〇一三年に鹿児島市内で起きた兄妹間の暴行事件で、大けがを負った妹が県警南署に兄への処罰を求め続けた。しかし、同署が被害届を受理したのは六年後の二〇一九年六月。事情を知った県議会議員が被害者を伴い南署に出向いてからだった。そして今回の鹿児島中央署による門前払い――。無実の人間を選挙買収の犯人に仕立てた「志布志事件（踏み字事件）」で叩かれたのちも、鹿児島県警の腐った体質は健在のようだ。

背景に「警察一家」の庇いあい？

鹿児島中央署が、証拠まで示して性被害を訴えた女性を門前払いにした理由は何か？　その疑問を解くカギは、鹿児島県医師会の池田琢哉会長が県くらし保健福祉部を訪ねた際の記録文書と、県医師会郡市医師会長連絡協議会の録音データに残されていた。

ハンターが鹿児島県への情報公開請求で入手した「県医師会池田会長の来庁結果について」と題する内部文書（25頁）を改めて見ていただきたい。

池田氏は、被害を訴えている女性が門前払いされた約一カ月後の二〇二二年二月一〇日に、新型コロナ対策を所管するくらし保健福祉部を訪れ、「強姦といえるのか、疑問」「強制的であったのかどうか」などと男性職員を庇う形で一方的に女性を誹謗。事件を起こした男性職員が元警官の父親と共に警察に相談した際の県警側の見立てが、「刑事事件には該当しない」だったという趣旨の話をしていた。

さらに、同年二月二二日に開かれた県医師会郡市医師会長連絡協議会では、大西浩之常任理事（現・副会長）が次のように述べていた。

　また、その後ちょっと自分ではどうしようもないということで妻やその両親に現状を報告。この、妻子供がいるんですけれど、A職員にはですね。両親に報告し、両親も協力するということで弁護士の紹介を受けて、闘おうということで、警察に数回相談に行き、証拠を提出しております。その際は、まあ、ちょっとこれは分かりませんけれども、暴行と恐喝で負けることはないよ、と、訴えられても、と言われたというんですけれども、まあ、これはちょっと、流してください。（音声データあり、https://news-hunter.org/?p=16029　参照）

池田・大西両人の話は、コロナ療養施設などで起きた出来事について相談に出向いた男性職員と元警官の父親が、県警から「刑事事件にはならない」とのお墨付きをもらったという内容。事実なら、県警が男性職員と元警官である父親の話を真に受け、「合意の上での性交渉」だと予断をもって事案に対応した疑いが生じる。

ハンターの調べによると、男性職員の父親が退職まで勤務していたのは、Aさんを「門前払い」にした鹿児島中央署。警察一家特有の庇い合い体質が、性被害を受けたとする女性の訴えに拒絶反応を示し、組織ぐるみで事件のもみ消しにかかったという見立ても成り立つ。

いずれにせよ、「合意に基づく性行為」を公言してきた池田会長ら県医師会幹部の強気の姿勢の裏に「刑事事件にはならない」などとする捜査関係者の発言があったとすれば、警察が「人権侵害」の片棒を担いだ格好となる。

偏執的な取材拒否

性被害を訴えて助けを求めた女性を門前払いにしたことや、女性の言い分を聞く前に「刑事事件にはならない」などと結論付けたのは事実か――。ハンターは今月一〇日、鹿児島中央署に出向いて取材を申し入れたが、「こちらでは対応できない」として取材拒否。やむなく受付に署長宛ての質問書（黒塗りはハンター編集部）を預けたところ、「受け取れない」（同署警務課）として返送してきた。公務員でありながら、説明責任を果たさないばかりか、もらった文書を配達

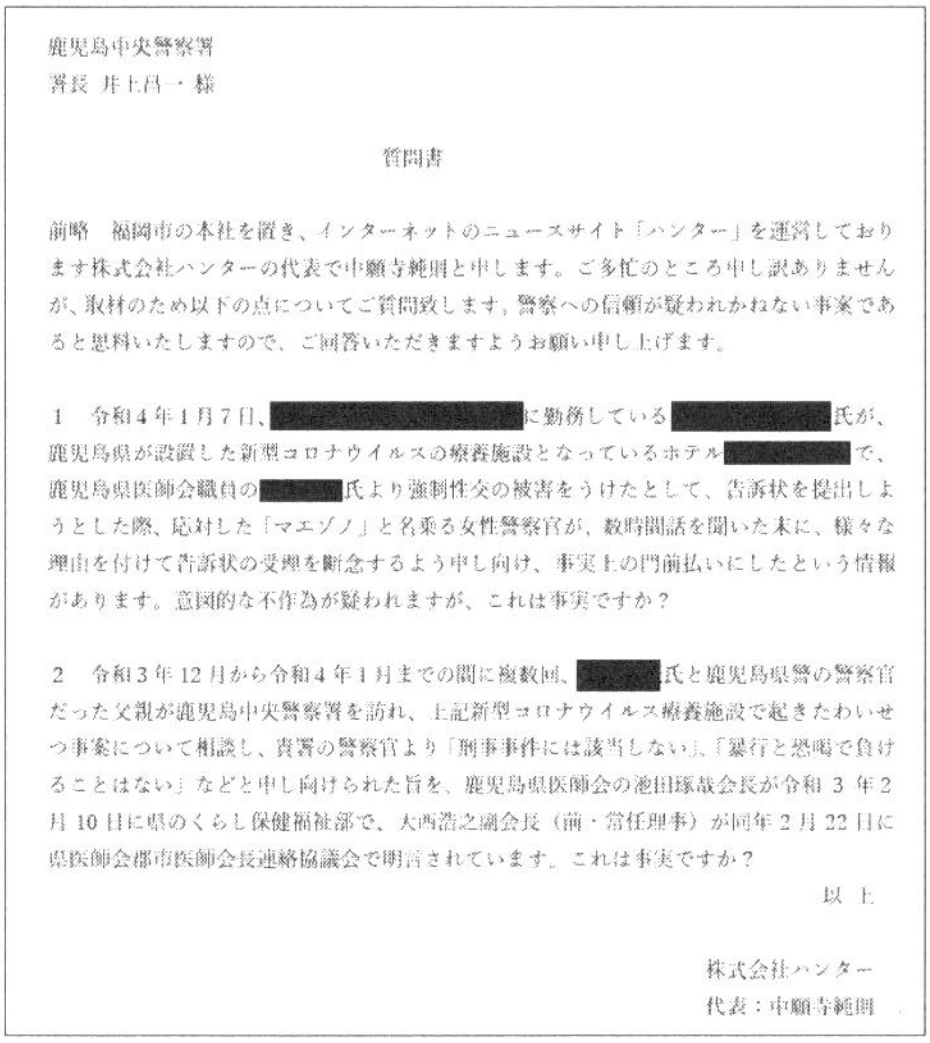

鹿児島中央警察署
署長 井上昌一 様

質問書

前略　福岡市の本社を置き、インターネットのニュースサイト「ハンター」を運営しております株式会社ハンターの代表で中願寺純則と申します。ご多忙のところ申し訳ありませんが、取材のため以下の点についてご質問致します。警察への信頼が疑われかねない事案であると思料いたしますので、ご回答いただきますようお願い申し上げます。

1　令和4年1月7日、[redacted]に勤務している[redacted]氏が、鹿児島県が設置した新型コロナウイルスの療養施設となっているホテル[redacted]で、鹿児島県医師会職員の[redacted]氏より強制性交の被害をうけたとして、告訴状を提出しようとした際、応対した「マエゾノ」と名乗る女性警察官が、数時間話を聞いた末に、様々な理由を付けて告訴状の受理を断念するよう申し向け、事実上の門前払いにしたという情報があります。意図的な不作為が疑われますが、これは事実ですか？

2　令和3年12月から令和4年1月までの間に複数回、[redacted]氏と鹿児島県警の警察官だった父親が鹿児島中央警察署を訪れ、上記新型コロナウイルス療養施設で起きたわいせつ事案について相談し、貴署の警察官より「刑事事件には該当しない」、「暴行と恐喝で負けることはない」などと申し向けられた旨を、鹿児島県医師会の池田琢哉会長が令和3年2月10日に県のくらし保健福祉部で、大西浩之副会長（前・常任理事）が同年2月22日に県医師会郡市医師会長連絡協議会で明言されています。これは事実ですか？

以上

株式会社ハンター
代表：中願寺純則

2023年1月10日、ハンターは鹿児島中央署に取材を申し入れたが拒否。受付に署長宛ての質問書（黒塗りはハンター編集部）を預けたが返送してきた

証明付きで送り返すという偏執的な対応。〝やっぱりクロか〟と思わざるを得ない展開となった。鹿児島中央署にとって都合の悪い話は、すべて「門前払い」なのだろう。

一年経っても終わらぬ捜査

人権無視の鹿児島県医師会は、一方的に「合意の上での性交渉」と発表した。だが、事件捜査は終わっていない。門前払いに呆れた女性の代理人弁護士が鹿児島中央署に抗議したことで告訴状は正式に受理されたが、やる気がないのか捜査は停滞。関係者の調書さえそろっていない状況だという。告訴状提出から一年、性被害を訴えている女性は、いまも苦しみを背負ったままだ。

国会「複数回で合意あった」を国が否定
（2023・3・9）

八日、鹿児島県医師会（池田琢哉会長）の男性職員による強制性交疑惑が、参議院予算委員会で取り上げられた。

国が示した見解は、女性の人権を無視して一方的に「合意があった」と結論付けた県医師会や、当初女性の告訴状受理を拒んだとされる鹿児島県警の姿勢を否定するもの。改めて、女性の人権を無視して暴走した県医師会・池田会長の責任が

問われることになりそうだ。

女性の人権、踏みにじった県医師会

事件が起きたのは二〇二一年の秋。当時新型コロナの療養施設で調整役を担っていた鹿児島県医師会の男性職員が、療養施設に派遣されていた女性スタッフに何度も強制性交が疑われる行為に及び、二二年一月に「合意はなかった」とする女性から刑事告訴されていた。

県医師会の池田琢哉会長は、事件が表面化する前の二二年二月一〇日、わざわざ県の担当部局に出向き「強姦といえるのか、疑問」、「複数回」、「（警察からは）事件には該当しないと言われている」などと説明。〝合意があっての性交渉だから問題ない〟という考えを示していた。

事案の矮小化を図ろうという狙いがあったことは明らかで、そこには療養施設で不安を抱えながら過ごしていたコロナ患者に対する配慮や、「強制性交」の被害を訴えている女性に対する思いやりの気持ちは一切なかった。

事件を知った県から報告書の提出を求められた医師会は、男性職員がパワハラやセクハラの常習者であることを把握しながら、対外的にはその事実を隠蔽。県への報告書には男性職員を庇うような文言を並べ立て、会見では、医師会の顧問を務めている新倉哲朗弁護士（和田久法律事務所）が、警察による捜査が継続している状況であることを知りながら、「合意に基づく性行為だった」と断定していた。

国が池田医師会長らの主張を否定

八日の参議院予算委員会で、県医師会の男性職員による〝事件〟を取り上げて質問したのは、女性蔑視と取れる発言や差別的発言を繰り返してきた杉田水脈元総務大臣政務官を追及したことで知られる塩村あやか参院議員。

塩村氏は、性暴力に関する質問のなかで、性被害を訴えている女性スタッフが「合意はなかった」と主張して刑事告訴していること、県医師会が「複数回の性交渉があったから強制性交ではない」などと強弁していること、鹿児島県警が当初、女性の告訴状を受け取らず事実上の門前払いにしたことなど、一連の経緯を詳しく説明。厚生労働相、法相、男女共同参画担当相、警察庁刑事局長にそれぞれの見解を求めた。

質疑の冒頭、事件の受け止め方を尋ねられた加藤勝信厚労相は、新型コロナ療養施設でわいせつ事案が起きたことについて「大変遺憾」と表明。同省の健康局長は、鹿児島県が医師会に対して行った厳しい指摘を読み上げる形で、事案の内容を「承知している」と答弁した。

次いで、強制性交の成立要件について法務省は、複数回か否かだけで判断するものではないと回答。小倉将信男女共同参画担当相は、一般論と断りながらも踏み込んで「複数回の性行為であっても望まないものなら性暴力にあたる」と明言した。

性被害の訴えがあった場合の対応について問われた警察庁刑事局長は、「要件が整っていればこれを受理し、速やかに捜査を遂げて検察庁に送付する」とした上で、「被害者の立場に立って対応すべきで、その際は、警察が被害届の受理を渋っているのではないかと受け取られることのないよう、被害者の心情に沿って対応するよう指導している」と答えた。

ちなみに、被害女性の訴えを門前払いした鹿児島中央署の井上昌一署長は、今年四月に県警の刑事部長に就任予定。国会で警察庁の指導方針が示された以上、性被害対応について、適正な指揮を執るものと信じたい。

今回の塩村議員の質問に対する国側の答弁は、鹿児島県医師会による「複数回あったから合意に基づく性行為だった」という一方的な主張と、いったんは告訴状の受理を拒んだ鹿児島県警の姿勢を真っ向から否定するものだ。「複数回合意論」を振りかざし、性被害を訴えている女性の人権を踏みにじってきた県医師会の池田会長とその側近らは、どう責任をとるのだろうか。

塩村あやか参院議員の国会質疑詳細（2023・3・28）

今月八日、参議院予算委員会で、立憲民主党の塩村あやか参院議員が鹿児島県医師会（池田琢哉会長）の男性職員を巡る強制性交疑惑について質問。国側は、女性の人権を無視して一方的に「合意があった」と結論付けた県医師会や、女性の告訴状提出を拒んだとされる鹿児島県警の姿勢を否定する答弁を行った。

ハンターでは九日に質疑の概要を伝えたが、鹿児島県医師会の関係者や一般の読者から詳しいやり取りの内容が知りたいという要望が何件も寄せられたため、改めて本件に関する予算委質疑のすべてを正確に紹介する。

塩村議員　ＮＨＫ、読売新聞、南日本新聞の記事でございます。コロナの宿泊療養施設での不適切行為についての記事なんですね。鹿児島県医師会の職員が、宿泊療養施設のホテルで、看護師と何度も性行為を行っていたという記事なんです。しかも、看護師の同意はなくてですね、性的暴行だとして刑事告訴されてるんです。

厚労省は全国の宿泊療養施設で発生したトラブルなど

把握しているか、そして、こうした実態をどのように受け止めるかお伺いをいたします。

加藤厚生労働大臣　鹿児島県が設置し、県医師会に業務委託を行っていた宿泊療養施設において、一昨年、委員ご指摘の事案が発生し、昨年になって、県医師会において、該当職員への処分が行われ、鹿児島県から県医師会に対し、文書による厳重注意等が行われたものと承知しております。

　宿泊療養施設の運営は、一義的には、今回であれば鹿児島県、あるいは都道府県にて、適切に管理、監督していただくものであります。他方、新型コロナがまん延し、医療資源がひっ迫しているということを背景に、新型コロナ患者の療養のために設けられている宿泊療養施設内において、ご指摘のような事案があったこと、これは大変遺憾なことでございます。こうしたことがないように、今後とも対応していきたいと考えております。

塩村議員　ありがとうございます。私、この事案なんですが、直接被害者である看護師や代理人弁護士、そして勤務をする医療施設の代表、そしてそれを応援する皆さんからお話を聞かせていただいています。当然、当該看護師は非常に精神的にダメージを負っているような状況なんですね。

　その被害看護師によれば、加害者は彼女に対して、執拗に、自身に「好き」というメッセージを送るようにと、こういう指示をしたりとか。そして、自分の父親は県警の元警察官だと、これは本当なんですよ、本当なんです、と言ってですね、彼女が周囲に被害（助け？）を求められなくするような言動をしていたりと、これ巧妙かつ本当に悪質な事案であるという印象を私は受けています。

　この報道を受けてですね、鹿児島県が医師会に行った対応をご存じでしょうか。情報公開によりまして、口頭注意、そして報告書提出後の指摘事項の存在が明らかになっています。これ、資料五、六、七ということで、内部文書が情報開示で出てきたので付させていただいております。これどのように事態を受け止めて、対応したのか教えてください。

佐原厚生労働省健康局長　お答えいたします。鹿児島県からは、県医師会長に対して文書を手交し、厳重注意を行うとともに再発防止策の徹底を求め、また県医師会の組織のガバナンスの改善についても口頭注意を行ったほか、報告書提出後の県医師会の対応について指摘を行ったと聞いております。

　この中で、委員ご指摘の口頭注意としましては、県の医師会の対応につきまして、「事案発生後の報告時に謝罪がない等、事態の重大さを真摯に受け止めた上で、適切な対応をとるといった姿勢が感じられなかった」、「関係者からの聞き取りをする前から、事案に係る発言があるなど予断を持って調査が進められた」、「当該発言をした理事を調査委員会の委員としたまま調査を終えており、調査の進め方に問題があった」といった内容があったと承知しております。

また報告書提出後の医師会の対応についての指摘につきましては、「医師会が行った記者会見の内容と報告書の内容には齟齬があった」、「医師会が処分を決定するにあたり、情状酌量の判断として、当該職員が一定の社会的な制裁を受けたとしているが何をもってそのように言えるのか疑問である」といった内容があったものと承知をしております。

塩村議員　ありがとうございます。その通りなんですね。ご説明頂いたんですが、資料六の口頭注意、二の部分ご覧ください。医師会は、被害者から聞き取りをする前から、医師会の理事が不適切な行為が「複数回あった」とかね、「強制であったかどうか」みたいな形で県に説明をしてですね、予断を持って調査が進められておりまして、医師会が被害を矮小化している現実が公文書に記されているような状態なんです。そこでちょっと私、お伺いしてみたいのですが、複数回あるから強制ではないみたいな形で事態がどんどん進んでいて、当該看護師さんが非常にダメージを負っていくということになっているんです。

そこでお伺いします。複数回の性交があれば強制性交にはならなくなってしまうんでしょうか。併せて今回職務上の圧倒的な上下関係があるわけです。医師会から派遣された職員、そして派遣されて来ている看護師、圧倒的な力関係がある。そして、体格差がかなりあるんですね。私、見させていただいているんですが、そうしたときに、強い抵抗をしたときには、何かしらすごいダメージとかマイナスが起こってしまうんですね。強い抵抗をした場合に、命に関わる場合もやっぱりこれまではあるわけなんです。ですので、抵抗するにもやっぱり限界があるんじゃないかと私は思うんですが、複数回あれば強制性交にはならなくなるのか、そして抵抗した場合のこと、二点お伺いしたいと思います。お答えください。

齋藤法務大臣　犯罪の成否は、捜査機関により収集された証拠に基づき、個別に判断されるべき事柄でありまして、法務大臣として、所見を述べるのは差し控えなくてはならないのですが、あくまでも一般論として申し上げれば、委員ご指摘の強制性交等罪に関し、一三歳未満の者に対する場合を除き、被害者の真意に基づく承諾があれば犯罪は成立しないと解されているわけですが、そして、その被害者の真意に基づく承諾があったと認められるか否かは、捜査機関により収集された証拠に基づいて認定された具体的な事情を総合して判断をされていくということになるものであります。

塩村議員　はい、ありがとうございます。だから、つまり複数回の性交があったとしても強制性交にあたる可能性は十分あるということになってくるというふうに思うんです。この認識でよろしいでしょうか。改めて確認させてください。

保坂法務省大臣官房審議官　先程大臣からご答弁させていただきましたように、その真意に基づく承諾があったかどうかにつきましては、個別の事実関係に基づきまして、その事実を総合して判断するということでございますので、この事実があったからどうだということで決まるわけでなくて、あくまで総合的な判断という趣旨でございます。

塩村議員　性暴力の観点から、小倉大臣にもお伺いいたします。

小倉内閣府特命担当大臣　男女共同参画担当大臣としてお答えをいたします。内閣府の調査におきまして、無理矢理に性交等をされたことのあった人のうち相手との関係性から拒否できなかったとの回答は約二割となっており、本人の意思に反していても相手との関係等において性行為を拒むことが難しくなる場合もあると認識しております。私も個別の事案にお答えすることは差し控えますが、一般的に複数回の性交為があったとしても、相手が望まない性的な行為については性暴力にあたると考えております。引き続き望まない性的な行為は性暴力にあたることについて、私どもとして広報啓発に取り組んでまいりたいと思っております。

塩村議員　ありがとうございます。その通りだというふうに思うんですね。ですから、複数回の性交があったとか、好きだというメールが送られているからといってですね、それが全て同意が取れているということにはなってこないというふうに思うんです。ことさら複数回が強調されていることも非常に問題だとは思うんですが。ここでちょっとお伺いしたいんですが、警察庁この事件把握していらっしゃいますでしょうか。

警察庁渡辺刑事局長　お答えします。お尋ねの事件につきましては、鹿児島県警察におきまして告訴を受理して、捜査中の事件であると報告を受けております。

塩村議員　はい、ありがとうございます。当初、被害看護師が弁護士の書いた告訴状を持って告訴をしようと警察署に行ったところ、対応した女性警察官はむしろ被害女性を責めて、告訴を思いとどまらせるような言動を四時間繰り返しまして、受理しなかったということなんです。この警察署は加害側の医師会職員の父親が勤務していた警察署なんですね。何度も女性警察官は部屋を出て、上司の判断を仰いでいたというふうに聞いております。極めつけは、帰り際に、被害女性に対して「告訴しませんよね」ということで、念押しをしたということなんです。

私、この女性警察官を責めるところまでは難しいと思っているんですね。いろんな上下関係がその中にあると思っているので。しかしながら、被害女性に対してはとんでもないことが行われたというふうに私は思っているんです。被害者から告訴があった場合、警察はどのように対応することになっているのかお伺いをいたします。

警察庁渡辺刑事局長　お答えします。都道府県警察におきまして、性犯罪にかかる告訴がございましたら、要件が整っていればこれを受理し、速やかに捜査を遂げて、検察庁に送付することとしております。

塩村議員　仰る通りなんです。そのようにしなきゃいけないのに、今お答えいただいた対応とは乖離したことが行われているんです。このことについて警察の受け止めをお伺いしたいと思います。

警察庁渡辺刑事局長　お答えします。鹿児島県警察におきまして、捜査中の個別事件に関することでありますので、捜査員と被害者とのやり取りなど具体的な内容にわたることにつきましてはお答えを差し控えたいのですが、一般論として申しあげますと、性犯罪に関する被害の届け出がなされれば、都道府県警察においては被害者の立場に立ってこれに対応するべきであり、その際には例えば、警察が被害届の受理を渋っているのではないかというようなことを受け取られることのないように被害者に対する説明にあたってはその心情に配意するよう指導してきているところでございまして、今後とも徹底してまいりたいと考えております。

塩村議員　その言葉通りのことを行っていただきたかったと思いますので、本当に徹底をしていただきたいなと思います。外形的にはですね、言葉を悪く言うとですよ、親が警察官だと加えた性暴力もなかったこととか、軽くなるというような状況になっているわけです。性暴力とか、ジェンダーの問題というのは、いつも問題の矮小化がついてまわってですね、被害者の落ち度を探して、それも躍起になって探して、バッシングが激しくなって、そして噂で加害者側（「被害者側」の間違い？）を傷つける。そして、それを応援する人、支援する人に対してもバッシングが向かっていくということが付き物なんです。ですから、そういったことに惑わされることなく、警察庁は身内に甘いと思われるような対応ではなく、被害者に寄り添った対応をしっかりしていただきたいと思います。

　最後に、再発防止に向けて、厚労大臣、そして刑事局長の決意をお伺いします。

加藤厚生労働大臣　今後、新型コロナの感染法上の位置づけの変更に伴い、幅広い医療機関で新型コロナの患者が受診できる医療提供体制に向けて段階的な移行を進めていくわけでありますが、引き続き、宿泊療養施設の運営において、こうしたことがないよう各都道府県においてしっかりと管理・監督を行っていただけるよう、我々としても取り組んでいきたいと考えております。

警察庁渡辺刑事局長　再発防止ということで、お尋ねございましたけれども、捜査中の個別事件からは離れて申し上げさせていただきますけれども、性犯罪につきましては、被害者に対しまして、心身に極めて重い被害を与える重大な犯罪であると認識しております。

　都道府県警察において性犯罪の被害者から届出を受けた場合には、やはり被害者の立場に立って適切に対応することが重要でありますし、その上で、刑罰法令で触れる行為が認められるのであれば、個々の具体的な事実関係に即して、法と証拠に基づき公平中正な姿勢を堅持して捜査を遂行することとしております。今後とも被害者の心情に配意した性犯罪捜査が徹底されますよう、都道府県警察を指導してまいりたいと考えております。

塩村議員　しっかりと再発防止を行っていただきたいと思います。期待をしておりますので重ねてお願いを申し上げます。

国会質疑の内容を知った鹿児島県医師会所属のある医師からは、匿名を条件に次のようなメールが送られてきていた。

「県医師会は、性被害を訴えた女性が合意した上での性行為だったと結論付け、記者会見まで開いてそう発表しました。私は池田先生（琢哉・県医師会長）を信頼申し上げてきましたし、その池田先生に加え、県弁護士会の会長まで務めた先生（新倉哲朗弁護士）までが「合意があった」と断言したのだから、間違いないことだと思っていました。

　ところが、ネットの動画で参議院予算委員会での質疑を確認したところ、女性が県警に男性職員を告訴して受理され、捜査が続いていることを警察庁刑事局長が認めていました。つまり、合意があったか否かについて、司法は判断していないということです。なぜ県医師会は「合意があった」と断言できたのか、その点については強い疑念を抱かざるを得ません。なにより、世界が女性の人権を守ろうという方向に動いている中、捜査機関でもない私たち医師会が、大した証拠もなく性被害をめぐる刑事事件に判決を下し、女性を貶めるようなマネをしていることは、決して許されることではないと考えます。本当に医師会が下した結論が正しかったのかどうか、再検証する必要があると思います。

　正直、私はハンターの過激ともいえる記事は嫌いですが（ごめんなさい）、少なくとも報道内容に嘘はないということが分かりました。大変残念なことですが、今後の展開次第で、責任問題になると思います」

【速報】県警が元職員を事件送致（2023・6・9）

　新型コロナウイルス感染者の療養施設に派遣されていた鹿児島県医師会（池田琢哉会長）の男性職員が強制性交の疑いが持たれる行為に及んでいた問題で、鹿児島県警鹿児島中央署が九日、被疑者を強制性交の疑いで鹿児島地方検察庁に事件送致（送検）したことが分かった。

　事件化されたのは、二〇二一年夏頃、被疑者が新型コロナ療養施設に派遣されていた女性看護師を職務にかこつけて自室に連れ込み、複数回にわたって強制性交に及んだとされる件。告訴状提出から一年半経って、ようやく事件送致が実現した。この問題については、週明け一二日の配信記事で詳細を報じる。

強制性交事件「検察庁送致」の背景（2023・6・12）

新型コロナウイルス感染者の療養施設に派遣されていた鹿児島県医師会の男性職員（以下「被疑者」）が強制性交の疑いが持たれる行為に及んでいた問題で、鹿児島県警鹿児島中央署が九日、被疑者を強制性交の疑いで鹿児島地方検察庁に事件送致（送検）。「合意はなかった」として告訴状を提出していた被害女性の訴えが、ようやく実った。

事件が表面化する前の段階で県に対し「強姦と言えるのか疑問」「警察が事件性はないと言っている」などと主張、でっち上げの調査報告書を知事あてに提出した日の記者会見では、県民に向かって「合意に基づく性行為」と断言した池田会長と顧問弁護士の人権無視の暴走行為が、厳しく問われる事態となった。

遅れた送検、被疑者の父親は元警部補

事件は、二〇二一年夏頃、被疑者が新型コロナ療養施設に派遣されていた女性看護師を職務にかこつけて自室に連れ込み、複数回にわたって強制性交に及んだとされる件。告訴状提出から一年半経って、ようやく事件送致が実現した。

鹿児島県警鹿児島中央署は、昨年一月に告訴状を持参した被害女性の訴えを門前払い。女性の弁護人が強く抗議したため告訴状を受理したが、のらりくらりの対応で事件送致を遅らせていた。

この間、県医師会の池田琢哉会長と同会顧問の新倉哲朗弁護士（和田久法律事務所）が記者会見で、被害女性の人権を無視して「合意の上での性行為だった」と断定。警察・検察の結論を待たずに事件捜査の素人が結論を出したことに対し、県はもちろん医師会内部からも疑問視する声が上がっていた。

事件送致を渋る県警の姿勢に批判が強まる中、今年三月八日に参議院予算委員会で、五月二五日には内閣委員会で、立憲民主党の塩村あやか議員が国を追及。この質疑の中で警察庁刑事局長は、「（性被害の）要件が整っていればこれを受理し、速やかに捜査を遂げて検察庁に送付する」としたうえで、「被害者の立場に立って対応すべきで、その際は、警察が被害届の受理を渋っているのではないかと受け取られることのないよう、被害者の心情に沿って対応するよう指導している」と答弁。事件送致の遅れが、鹿児島県警内部の問題であるとの認識を示していた。

さらに先月、事件発覚前の段階で、被疑者とともに「警察に相談」（池田医師会長の県への説明）して「事件性なし」（同）

との見解を引き出したとされていた元男性職員の父親の「元警察官」（同）が、二〇二一年三月まで再任用され鹿児島中央署に在籍していたことが判明。被疑者の父親が、一定の捜査権限を有する警部補＝司法警察員だったことも明らかとなり、事件の〝もみ消し〟に関わった疑いが浮上した。

県警本部の異常な対応

ハンターの記者は今月五日、県警本部を訪問。被疑者の父親の元警部補が息子の起こした事件に不当介入したこと、さらには県警がこうした事実を知りながら組織ぐるみで事件送致を遅らせた形になっていることについて「監察対象」であるとして監察官への面会を求めた。

受付では記者であることは告げず、「警官の不適切行為について監察官に話をしたい」と申し入れていたにもかかわらず、「記者の方ですか？」と言いながら出てきたのは何故か「広報」を名乗る職員。記者の抗議を受けて次に出てきたのは「総務部総務課」の警部と警部補で、話を聞き置くというふざけた対応だった。監察官は、面会を求めたのがハンターの記者と知って、この不祥事についての言質を取られることを嫌ったものとみられる。

「犯罪捜査規範」は、捜査の基本として「捜査を行うに当っては、個人の基本的人権を尊重し、かつ、公正誠実に捜査の権限を行使しなければならない」（第二条）と規定。第一四条の「捜査の回避」という条文には「警察官は、被疑者、被害者その他事件の関係者と親族その他特別の関係にあるため、その捜査について疑念をいだかれるおそれのあるときは、上司の許可を得て、その捜査を回避しなければならない」とあるが、息子大事の元警部補と中央署の公正を欠く行為によって被害女性の「基本的人権」は無視され、事実上「捜査の回避」も行われていなかった。

ちなみに警察が事件送致するにあたって付す意見は、起訴を求める「厳重処分」、検察官に判断を委ねる「相当処分」、事実上起訴猶予を求める「寛大処分」、嫌疑や証拠が不十分とみなされる場合の「しかるべき処分」の四段階。ある警察関係者は、次のように鹿児島県警を突き放す。

「警察庁から催促され、さらには被疑者の身内が捜査に関与したことがバレた手前、あわてて送検はした。だが、〝厳重処分〟を求めるとは思えない。警察官の身内が強制性交で起訴されて有罪にでもなれば、これまでの捜査姿勢が糾弾されるのが必至。被害者を門前払いにしたのが「もみ消し作戦A」だとすれば、その失敗を受けての「作戦B」は、処分意見を「寛大処分」か「しかるべき処分」にすることだろう。だが、検察は警察の風下に立つことを嫌うため、処分意見を無視する場合も少なくない。これまで提出されていなかった証拠が出たり、報道が増えたりすれば、簡単に不起訴とはいえなくなる」

池田医師会長への辞任勧告

県医師会の池田会長は、県の担当課に対する説明や医師会内部の会議で「合意の上での性行為」という自説を再三披露。医師会内部の調査委員会が、いいようにでっち上げた調査報告書を県に提出した日の記者会見では、医師会顧問の新倉哲朗弁護士とともに「合意の上での性行為」だったと断定し、被害女性に二重の苦しみを与える形となっていた。

医師会側の一連の主張は、すべて捜査が始まる前に発せられたもの。「合意に基づく性行為」を連発した県医師会の会長や幹部、さらには顧問弁護士の主張が、ここに来て否定された形となったのは確かだ。被疑者を庇うことで自分たちの保身を図ったのだろうが、性暴力をうけた女性の苦しみや人権を無視した、人として最低の暴走行為だったと言われても仕方があるまい。県医師会における「池田体制」の継続を狙って事実をねじ曲げた責任は、池田氏が会長職を辞任してとるべきだろう。

【速報】県警幹部が不当な捜査指揮（２０２３・10・13）

昨年春、強制性交事件で告訴された鹿児島県医師会の男性職員が相手側の関係者を逆に訴えた事案で、本来なら鹿児島西警察署が対応すべきものを、県警幹部が不当に介入し、強引に鹿児島中央署に告訴状を受理させ捜査にあたらせていることが分かった。

事件の捏造につながりかねない捜査指揮は、かつての志布志事件に通底する愚行。中央署に勤務していた警察官の身内が起こした事件の揉み消しを狙った可能性もあり、県民の間から厳しい批判の声が上がりそうだ。一連の捜査に関わった中央署の署長は、現在、県警の刑事部長を務めている。

歪められた捜査

両事案の捜査を担当してきた鹿児島中央署には、二〇二一年三月まで男性職員の父親が勤務していたことが分かっており、事件を男性職員側有利に進めようとした「警察一家」の黒い思惑が働いた可能性がある。

〝同一事案に関する告訴なので一括して捜査にあたらせた〟との言い訳が聞こえてきそうだが、今回のケースにおいて、その主張に合理性はない。昨年一月に告訴された男性職員の父親は、二〇二一年三月まで中央署に勤務していた警部補。中央署で捜査すること自体に問題があったからだ。最初の告訴事案を他の警察署に捜査させるべきだったが、なぜか県警は事態を放置した。結果として、おかしな状況が生まれる。

最初の告訴は男性職員を加害者とするもの。一方、同職員の訴えは被害を訴えている人の関係者に対する事実上の逆訴。両方の事案を、管轄を無視してまで中央署に処理させたことで、捜査員は男性職員に「あなたがやったんですね！」と追及しながら、「被害にあわれて大変でしたね」と告げなければならなくなる。滑稽としか言いようがない。

「志布志事件」に通底

事件捜査の常識ではあり得ない状態のまま、本来の所轄署である西署で扱うべき事案まで無理に中央署に担当させたということは、元警部補の息子が被疑者として告訴された事件を、息子による逆訴で相殺させようという意図があった証左ともとれる。そうであれば、警察幹部による異例・不当な捜査指揮は、県民に対する重大な背信行為だ。

加害者とされる人物の身内が勤務していた警察署に加害者が提出した告訴状を受理させ、捜査まで行わせるという前代未聞の展開に、警察関係者からも「間違った捜査指揮」「もとの事件が歪められているのではないか」「このような体制で適切な捜査が尽くせるはずがない」などといった声が上がっている。

発端となった事件を巡っては、当初、男性職員を告訴するために訪れた被害者を中央署が門前払いに――。その後、弁護士の強い要請を受けて告訴を受理したものの、捜査は停滞。人権を無視した初期対応の酷さと怠慢捜査について国会で二度にわたって追及される事態となり、県警は約一年半後の今年六月、ようやく鹿児島地検に事件送致した。この事件では、加害者とされる男性職員と父親の元警部補が、事件発覚前に「相談」と称して中央署を訪問したことが分かっており、同署の担当者に「事件性なし」との予断を与えていた疑いもある。

鹿児島県警は二〇〇三年、統一地方選挙で当選した県議の陣営が買収行為を行ったとする事件をでっち上げ、地元住民に「踏み字」を強要して嘘の自白を迫るなど違法捜査を展開。いわゆる「志布志事件」の真相が露見して県民の信頼を失ったが、どうやらその時の教訓はまったく生かされていない。

県警、腐敗の証明
（2023・10・25）

鹿児島県警幹部が事件捜査に不当介入し、鹿児島西警察署が対応すべき告訴状を強引に鹿児島中央署に受理させていた問題で、同署が同一人を〝被疑者〟として「取り調べ」しながら同時に〝被害者〟として「聴取」を行うという、非常識な事態を招いた〝証拠〟をハンターが入手した。背景にあるのは……。

不当な捜査指揮示す内部文書「告訴・告発事件処理簿一覧表」

ハンターが入手したのは鹿児島県警の内部文書「告訴・告発事件処理簿一覧表」二枚。いずれも同じ案件に絡むもので、本筋は昨年一月に県医師会の男性職員が強制性交の疑いで告訴された事件だ。

これに対し男性職員は同年三月、被害者側の関係者を名誉棄損で訴え事実上の反訴。県警幹部がこの告訴事案に不当介入し、本来鹿児島西警察署が対応すべきものを強引に鹿児島中央署に処理させていた。「警察一家」の身内が訴えられた本筋の事件を矮小化し、被害者側の関係者に攻撃を加えようとする歪んだ意図が明確になる事態。一連の捜査を指揮している県警幹部の姿勢は、鹿児島県警の腐った体質の象徴だ。

では、不当な捜査指揮とはどのようなものだったのか――。それの経緯がハッキリと記載されているのが、二枚の「告訴・告発事件処理簿一覧表」（95頁、97頁）である。

まず次頁の一件目。被害者が男性職員を告訴した事案についての記録。事件として「相談」された日は「R〇四・〇一・〇七」となっているが、これは告訴状を提出しようとした被害者を、鹿児島中央署が「門前払い」にした日だ。弁護士の抗議を受け正式受理したのが「R〇四・〇一・一七」。ここまでの記載に間違いはない。問題は、ここからだ。

「R〇五・〇六・〇九」に「検挙」となっているが、これは「処理経過」にあるとおり、事件を鹿児島地検に送付した日のことである。ただし、捜査の遅延や男性職員の父親が元警察官だったことを国会で追及された警察庁刑事局長が、「要件が整っていればこれを受理し、速やかに捜査を遂げて検察庁に送付する」と明言した答弁内容とはかけ離れた、追い込まれた末の事件送付だった。事件送致の際、警察は起訴の必要性について意見書を付けるが、通常なら起訴を求める「厳重処分」の事案であるにもかかわらず、鹿児島中央署は〝上層部〟の意向で、ワンランク落とした「相当処分」を付したという話さえある。

注目してもらいたいのは、①の記述「R〇五・〇一・二八被

事件名		各種年月日		被疑者		捜査主任官		認知票入力
[redacted]強制性交被疑事件		発生	R03. 09. 15	[redacted](S)				あり R04. 02. 10
		認知	R04. 01. 11					
		本部報告						
		告訴等相談	R04. 01. 07	被害者		処理担当者		事件種別
		告訴等受理	R04. 01. 17	[redacted]				成人事件
		被疑者判明	R04. 01. 11					
		検挙	R05. 06. 09					
手口	強制性交等	送致（付）	[redacted]	証拠資料		採取資料		処理区分
要指導	なし	終結		整理番号	短 令和4年-第176号	整理番号		基本
告訴等	R04-10	時効	R18. 09. 15	整理番号	長 令和4年-第327号	現在数	0品目	
DVST		データ更新	R05. 06. 29	現在数	2品目			
処理経過		R4. 12. 2被告訴人の取調べを実施。R4. 12. 21被告訴人の取調べを実施。R5. 01. 14被告訴人の取調べを実施。R5. 01. 22被告訴人の取調べを実施。R5. 01. 28被告訴人の取調べを実施。R5. 01. 31R4. 10. 12に採取した付着物[redacted] ① [redacted] R5. 02. 03被告訴人の取調べを実施。R05. 02. 07[redacted] R05. 02. 16参考人[redacted]から調書録取。R05. 02. 20参考人[redacted]から調書録取。R5. 2. 22告訴人から供述調書2通を録取。R5. 2. 24被告訴人の取調べを実施。R5. 3. 9被告訴人の携帯電話の任意提出を受け，解析課に解析依頼。 ② R5. 6. 9　鹿児島地方検察庁へ送付（被害者へ連絡済み）						

「告訴・告発事件処理簿一覧表」の女性が男性職員を告訴した事案の記録

告訴人の取調べを実施」と、②の記述「R○五・二一・二四被告訴人の取調べを実施」だ。両日とも被疑者であるSを「取調べ」したことになっている。後述するが、この両日の「取調べ」が本当のことなのかどうかという点に、もう一件の事件処理状況が重大な疑義をもたらすことになる。

それが97頁の文書。強制性交で告訴された男性職員が、こともあろうに被害者の関係者を筋違いとみられる事実上の反訴に及んだ件だ。文字はハンターの編集部で加工したが、「捜査主任官」も「処理担当者」も前掲の処理簿と同じ警察官である。

まず、★印で示した二行「R四・三・三一・一〇：〇〇　告訴相談受理、鹿児島西署管轄と判明」と「R四・四・一一　上層部から当署で処理方針との伝達がなされた」が、警察幹部の〝不当な捜査介入〟の証左だ。

鹿児島県警はもちろん、他の都道府県警察の幹部OBや現職にまで聞いてみたが、こうした記述は「見たことがない」と口を揃える。当然だ。鹿児島西署が扱うべき事案であると分かっていて、「上層部」とやらが無理やり中央署で処理するよう指示したからで、ほとんどの警察関係者は、この二行が〝不当な捜査指揮の証明〟であることを見抜くという。つまり、捜査指揮に不満があるからこそ、こうした例のない記述が残ったということだ。

その結果、男性職員が告訴された事件の処理簿の記載である①の記述「R○五・〇一・二八被告訴人の取調べを実施」と、②の記述「R○五・二一・二四被告訴人の取調べを実施」の信憑性が崩れる。

男性職員が名誉棄損を訴えた事案の③と④の記述を見れば一目瞭然。なんと男性職員を被疑者として「取り調べ」したはずの「R五・一・二八」と「R五・二一・二四」に、男性職員が「被害者」となって「告訴事実に関する聴取」が行われたことになっているのだ。前稿までに指摘してきた〈捜査員が被疑者に「あなたがやったんですね！」と追及しながら、「被害にあわれて大変でしたね」と告げなければならなくなる〉——という、テレビドラマでもお目にかかることのない取調室の茶番が、実際に演じられていた。

「処理経過」の記載の仕方もかなり異なっている。男性職員が告訴された事案では出来事に時間が明示されていない。一方、男性職員が告訴した事案の処理簿の「処理経過」は、同じ時系列でも〝時刻〟が分刻みで記されている。「取調べ」と「聴取」の時間を変えて公平性を担保したと主張するための布石だったのかもしれないが、しょせんは言い逃れ。処理簿の記述に嘘はないという前提に立てば、こうした非常識な過程を経て検察に送付された捜査資料に、信頼性はあるまい。

何度も指摘してきたが、男性職員の父親は、二〇二一年三

事件名		各種年月日		被疑者		捜査主任官		認知票入力
鹿児島市中央町における名誉毀損被疑事件		発生	R04. 01. 11	[redacted]		[illegible]		あり R04. 05. 20
		認知	R04. 03. 31					
		本部報告						
		告訴等相談	R04. 03. 31	被害者		処理担当者		事件種別
		告訴等受理	R04. 05. 10	[redacted] (S)		[illegible]		成人事件
		被疑者判明	R04. 03. 31					
■ 親告罪		検挙						
手口	手口なし	送致（付）		証拠資料		採取資料		処理区分
要指導	なし	終結		整理番号		整理番号		基本
告訴等	R04-63	時効	R07. 01. 11	整理番号		現在数	0品目	
DVST		データ更新	R05. 05. 18	現在数	0品目			
処理経過		★R4. 3. 31 10:00 告訴相談受理，鹿児島西署管轄と判明。 ★R4. 4. 11 上層部から当署で処理方針との伝達がなされた。 R4. 5. 10 当署において告訴状受理。 ③R5. 1. 28 午後１時から午後１時43分までの間，被害者[redacted] (S) から告訴事実に関する聴取を実施。 ④R5. 2. 24 午後３時から午後４時までの間，被害者[redacted] (S) から告訴事実に関する聴取を実施。 R5. 2. 28 午前８時55分から午後零時までの間，被害者[redacted]から告訴事実に関する聴取を実施。						

「告訴・告発事件処理簿一覧表」の女性の関係者を男性職員が反訴した事案の記録

月まで鹿児島中央署に勤務していた警部補。その中央署の強行班係に、男性職員が被疑者と被害者になる両方の告訴事案を担当させるという、著しく公平性を欠く捜査指揮が行われたのは紛れもない事実だ。背景にあるのは、「警察一家」特有の身内を庇う体質であることは言うまでもない。一連の経緯からして、中央署が、強制性交の疑いで送検された男性職員の事件捜査に〝手心〟を加えた可能性さえある。

　この異常事態は、強制性交事件をもみ消したい「県内有力団体最高幹部」の思惑と「警察一家」の利害が一致した結果ではないのか？　つまりは「癒着」。その点については、稿を改めて詳細を報じる予定だ。

「強制性交」「ストーカー」
（2023・10・30）

　今月一九日、鹿児島県警は本部留置管理課に勤務する現職の男性巡査長を、一三歳未満の少女に対する淫行があったとして強制性交（※刑法改正によって強制性交が不同意性交等に変更される前の犯行だったため）の疑いで逮捕した。逮捕された男は、「俺は警察官だぞ」と脅した上で行為に及んだとされるが、この事実は公表されていない。それどころか、県民の信頼を損なう重大事件であるにもかかわらず、県警は記者会見を拒否。〝謝罪〟なしで幕引きを図る構えだ。

　腐ったブラック組織らしい展開だが、関係者の話から、隠された事件の背景や別のストーカー事件における県警の「嘘」が明らかとなった。

強制性交事件の背景

　関係者の話によれば、強制性交の疑いで逮捕された警察官の父親は現職の巡査部長。さらには、妹も警察官という典型的な「警察一家」だ。県警は、こうした事実について突っ込まれるのを避けたい。それが会見を拒んでいる最大の理由だろう。身内を庇って傷口を広げた格好だ。「幹部が頭を下げたくないだけじゃないのか」（警察関係者）という声も聞こえてくるが、くだらないプライドが会見拒否の理由の一つであるなら、その連中はただのクズ。被害者に寄り添う気持ちがない以上、給料を返上した上で退職すべきだろう。

ストーカー事件の真相

　現職巡査長の強制性交事件が鹿児島県警を揺るがす中、今度は霧島署に勤務する五〇代の男性警察官が、ストーカー規制法違反の疑いで書類送検されたことを地元紙・南日本新聞がスクープした。被害にあったのは二〇代の女性で、ストーカー警察官が勤務していた霧島署に相談したが、その際の「苦情・相談等事案処理票」が残されていなかったことも報じられている。

県警は「一般論として、監察事案や被害届を受理した場合などは作らない」と説明しているようだが、真相は違う。市民から寄せられた相談や苦情に対応する警務課の課長と署長が、一方的に「ストーカーではない」と判断。監察事案と認定しなかったため、処理票は作られなかったという。被害届が提出されても、受理を拒むか、受理してもたな晒しにされていた可能性が高い。

歪められた強制性交事件の裏にも「警察一家」

立て続けに判明した二件の警官不祥事。実は、ハンターが追及を続けている鹿児島中央署を巡る闇と通底するものがある。

今月二五日に配信した前回の記事で、鹿児島県警の幹部が事件捜査に不当介入し、昨年五月、鹿児島西警察署が対応すべき名誉棄損に関する告訴状を強引に鹿児島中央署に受理させていたことを詳しく報じた。

本筋の事案は、同年一月に中央署が受理した強制性交事件。三月になって強制性交事件の被疑者が被害者の関係者を訴えるという展開だったが、なぜか警察幹部は西署の事件を中央署で処理するよう指示し、その結果、同署が同一人を〝被疑者〟として「取り調べ」しながら同時に〝被害者〟として「聴取」を行うという、異常な事態を招いていた。

不当捜査に至った理由の一つは、「警察一家」の庇い合いにある。中央署には警部補だった強制性交事件の被疑者の父親が勤務していたことが分かっており、事件発覚前からこの父親の元警部補と被疑者が、事件の真相を歪めて伝えていた疑いがある。

救いようがないのは、内部情報である「告訴・告発事件処理簿一覧表」がハンターに漏れたと騒ぎ、血まなこでの〝犯人探し〟を始めた県警上層部の姿勢だ。問われるべきは不当捜査の是非のはずだが、その点について反省する様子はない。被疑者の父親である元警部補が署に勤務していたにもかかわらず、被疑者が絡む二件の事件の捜査を続けさせたのは、中央署の署長だった井上昌一氏。現在の県警刑事部長である。責任をとって辞任するべきだろう。

現職警官による強制性交事件での会見拒否、明かされぬストーカー事件の実態、幹部の指示による不当捜査――どれもこれも、守るべき県民を二の次にし、「警察一家」を庇うため真実に蓋をしようとする腐敗組織の思惑が優先された結果なのだ。一体、誰のための警察組織か！

県警の不当捜査、検察も追認

（2024・1・12）

不当な捜査指揮で事件の実相をねじ曲げ送検する警察――。汚れた組織とグルになり被害者そっちのけで有罪率「九九・九％」を優先させる非常識な検事――。その先にあったのは、予想通りの「不起訴」だった。

流出した「事件処理簿一覧表」

ハンターは昨年一〇月、鹿児島県警幹部による不当な捜査介入について報じた。問題視したのは、強制性交の疑いで鹿児島中央署に告訴状を提出された男性が、逆に被害者の雇用主を名誉棄損で訴えた件の捜査指揮だった。

この件の捜査を指揮した中央署の当時の署長は、現在の県警刑事部長・井上昌一氏。同氏は、鹿児島西警察署が対応すべき名誉棄損事案を強引に中央署で処理させ、先に表面化した強制性交事件を捜査中だった強行犯係の警察官に対応させるという異常な捜査指揮を行っていた。その証拠が、県警内部から流出した二枚の「告訴・告発事件処理簿一覧表」である。いずれの事案も「署長指揮」と明記してある。

一覧表の記述から明らかな通り、中央署強行犯係が同一人を〝被疑者〟として「取り調べ」ながら、同時に〝被害者〟として「聴取」を行うという、テレビドラマでもあり得ない事態を招いていた。

子供でさえ〝警察の正義〟を疑いかねない暴走に、県警内部からも「不適切な捜査指揮だ」「捜査をやり直すべき」といった声が上がる事態となっていた。

警察は送検の際、起訴の必要性について意見書を付けるが、問題の強制性交事件が通常なら起訴を求める「厳重処分」の事案であるにもかかわらず、中央署は〝上層部〟の意向で、ワンランク落とした「相当処分」を付していたことも分かっている。

問われる刑事部長の責任

前掲の文書がハンターに委ねられたのは、「警察一家」の身内が訴えられた本筋の強制性交事件を矮小化し、被害者と被害者側の関係者に攻撃を加えようとする県警幹部の姿勢に、現場の捜査員たちが危機感を抱いたからに他ならない。内部の反乱だ。そうした警察官たちに同調する関係者が確信をもって口にしていたのは「強制性交事件は不起訴になる」という予測。何度も検察庁に足を運ぶ井上刑事部長の姿を確認していたという関係者の間では、「（井上刑事部長が）強制性交事件を不起訴にするよう（検察に）働きかけている」という噂さえ出ていた。
性被害を受けた人の苦しみをよそに、警察一家擁護のため、署長権限をもって事実上の事件もみ消しとなる不当な捜査指揮を行った可能性がある井上刑事部長。異常とも思える動きについてある県警ＯＢは、次のように話す。

「井上が中央署の署長だったのは一昨年の四月から昨年の春まで。署長就任直後に、西署管轄の事案を自分の署に処理するよう命じている。あってはならない捜査指揮だ。加害者とされた男性の父親が、警部補として中央署に在籍していたことも知っていたはず。つまりは確信犯的な管轄無視だった。世間は、警察一家の擁護に走ったとみるだろう。守ったのが県民の命や尊厳ではなく身内だったとすれば、最低の警察官、最悪の刑事部長と言うしかない。強制性交事件を巡る県警の姿勢は、国会で二度にわたって批判された。この半年あまりの中央署の動きをみれば、刑事部長になっていた井上がプライドを傷つけられ、被害者側に憎しみを抱いた可能性さえある。県警内部では、井上の言動に批判的な声が少なくない」

検察の不正義

歪められた捜査に基づく送検資料によって予断を与えられた検事が下した答えは、案の定「不起訴」。〝正義〟という言葉を忘れた捜査幹部たちが、痛めつけられた弱者の人生を狂わせているのが鹿児島県の現状と言えるだろう。

ハンターは昨年一一月、県警内部から流出した前掲の文書を鹿児島地検に届け、捜査が歪められた可能性を指摘したが、検事に聞く耳はなかったらしい。検察が優先するのは、被害にあって苦しむ人の救済ではなく、有罪率「九九・九％」の実績。「秋霜烈日」が聞いて呆れる。

【速報】県警、捜査情報漏洩を公表せず（２０２４・１・22）

「警察一家」擁護としか思えない不当な捜査指揮で強制性交事件の実相をねじ曲げた鹿児島県警が、数十件分もの捜査資料を流出させながら公表せず、内々で処理しようとしていることが分かった。県警は、違法な情報漏洩の実態を把握しながら、隠蔽に走る構えだ。

発端は「不当な捜査指揮」

ハンターは昨年一〇月から、鹿児島県警幹部による不当捜査の実態について報じてきた。問題視したのは、強制性交の疑いで鹿児島中央署に告訴状を提出された男性が、逆に被害者の雇用主を名誉棄損で訴えた件の捜査指揮。二つの事案の捜査を指揮した中央署の当時の署長は、現在の県警刑事部長・

井上昌一氏で、同氏は鹿児島西警察署が対応すべき名誉棄損事案を強引に中央署で処理させ、先に表面化した強制性交事件を捜査中だった強行犯係の警察官に対応させるという異常な捜査指揮を行っていた。その証拠が、県警内部から流出した二枚の「告訴・告発事件処理簿一覧表」。いずれの事案にも「署長指揮」と明記してある。

　処理簿の記述から明らかな通り、中央署強行犯係が同一人を〝被疑者〟として「取り調べ」ながら、同時に〝被害者〟として「聴取」を行うという、テレビドラマでもあり得ない事態。強制性交の疑いが持たれていた男性の父親が、警部補として中央署に在籍していたことも判明している。

　子供でさえ〝警察の正義〟を疑いかねない暴走に、県警周辺から上がったのは「不適切な捜査指揮だ」「捜査をやり直すべき」といった声。これまでに報じた二枚の「告訴・告発事件処理簿一覧表」は、弱者を切り捨て組織防衛に走る県警幹部に反発した「正義の関係者」が流出させたものとみられていた。

「捜査情報漏洩」で問われる県警の姿勢

　確かに、二件の事案の処理経過は不当捜査の証拠だが、他方では「情報漏洩」の証拠でもある。

　県警が本サイトの報道を確認しているのは確実で、処理簿に氏名の記載のある関係者に記事の概要を伝えた上で、個人情報が流出したことへの謝罪を申し入れてきているという。情報漏洩を認めたということだ。しかし、鹿児島県警は今日までその事実を公表しておらず、謝罪会見も開いていない。

　ハンターが入手した二枚の文書に記載されているのは、四件の事案の処理状況だ。つまり一枚に二件。上掲の二枚だけで民間人七人、警察官五名の氏名と三社の法人名が記載されており、黒塗りは一切ない。民間企業や自治体なら、情報漏洩が認められた時点で概要を公表し、謝罪を行うのが普通。厳格な個人情報保護が当たり前

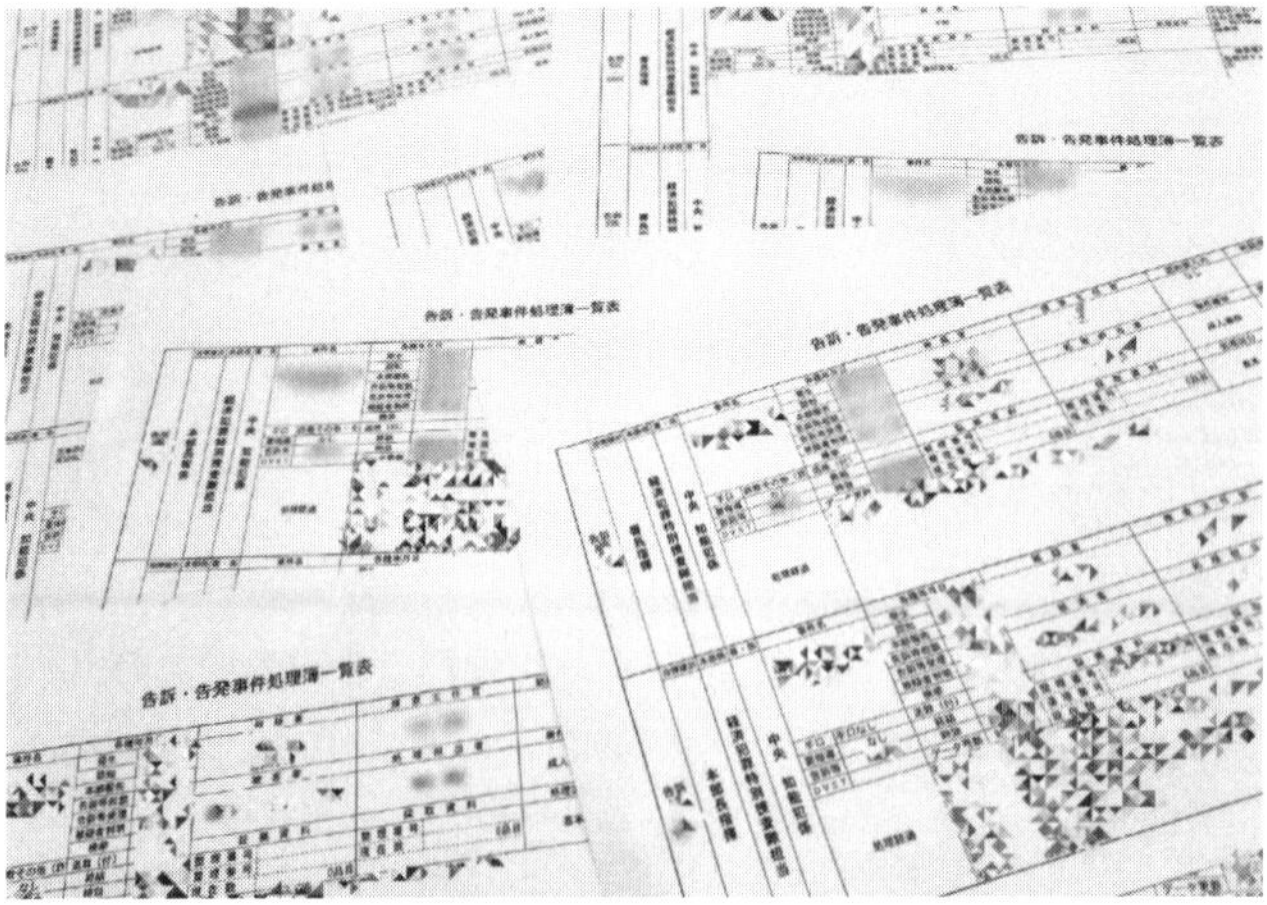

情報漏洩の根拠となる数十件分の事件処理簿一覧表

となった現在では、民も官も関係なく、情報管理についての説明責任を果たすことが求められている。しかし、鹿児島県警は流出したのが絶対に漏らしてはならない「捜査情報」であるにもかかわらず、事実関係を公表していない。何故か――。

疑問への答えは一つしかない。漏洩した事件の情報が、井上刑事部長が署長在任中に捜査指揮を執った事件に関するものだからだ。処理簿に強制性交事件の捜査を歪めた証拠がある以上、情報漏洩についての会見を開けば、その点を突かれるのは必至。刑事部としては、なんとしても避けたい事態だろう。ハンターには、不当捜査や情報漏洩についての公表を拒む刑事部長周辺の動きについても詳しい情報が寄せられている。

前述の通り、これまでハンターが報じてきた流出文書に記載された事案は四件。〝少ない関係者への内々の謝罪で済ませて幕引きを図ればいい〟というのが鹿児島県警の最終判断だったとみられるが、流出した文書を二枚と決め込む判断をしたのは早計だった。実は、流出した文書は多数で、数十件分の捜査情報が洩れていることを明らかにしておきたい。

個人情報の漏洩に罰則があるのは周知の通り。取り締まる側の警察に重大な情報漏洩がありながら、それには頬かむりというのでは話になるまい。県警は先ず、不当な捜査指揮の証拠となる処理簿を含む数十件分の捜査情報が漏れたことを公表し、県民に謝罪すべきだろう。

鹿児島県警を巡っては昨年一〇月、本部留置管理課に勤務する現職の男性巡査長を、一三歳未満の少女に対する強制性交の疑いで逮捕しながら公表せず、記者会見も拒否。さらに、霧島署に勤務する五〇代の男性警察官がストーカー規制法違反の疑いで書類送検されたことを、地元紙・南日本新聞がスクープするまで隠していたことも分かっている。

守るべき県民を二の次にし、「警察一家」を庇うため真実に蓋をしようとする腐敗組織・鹿児島県警――。捜査情報漏洩とどう向き合うのか、注目したい。

税金泥棒「鹿児島県警」の狂態
（2024・2・27）

警察組織の良心にかけてみようと考えたハンターの記者が愚かだった。

不当な捜査指揮で強制性交事件の実相をねじ曲げた鹿児島県警が数十件分もの捜査資料＝「告訴・告発事件処理簿一覧表」を流出させながら事実関係を公表せず隠蔽を図ろうとしている問題で、担当幹部に組織としての方針を聞いた上で入手した漏洩資料を提供しようと試みたハンターの申し出を県警側が拒否。一時間近く待たせたあげく、面会にさえ応じなかった。

情報漏洩の事実が広く知られることを恐れるがゆえの狂態。個人情報はもちろん、安全・安心さえ守ってもらえない鹿児島県民は不幸というしかない。

〝お聞きしたいことがある〟――。先週二一日、ハンターの記者は鹿児島県警本部を訪れ名刺を出し、刑事部刑事企画課の理事官に面会を求めた。一〇分ほどロビーで待たされたところで受付の女性が「取材ですか?」と確認してきたため、〝取材ではなく、記事化もしない〟と回答。そこからさらに一五分以上待たされた。

次に「刑事部企画課の者です」と言いながら現れたのは二人の人物。取材かどうかの確認だという。三〇分近く待たせておいて、同じことの繰り返しだ。〝取材ではないと断ったはず〟というが、納得した様子ではない。

さらに待つこと一〇分。件の二人が来て「やはり、取材ということで、総務課が対応します」と言い出した。こうなると「刑事部企画課の者です」という最初の話も怪しくなる。〝あなた方、お名前は?〟と尋ねたところ、「我々には、それも答えていいかどうかの判断もできません」という答えが返ってきた。この連中、警察官である前に社会人としての礼儀さえ知らない。

さらに一〇分後、「刑事部企画課の者」を自称する二人組に「総務課」だという別の二人が加わって四人が記者と向き合った。総務課の二人は「取材と判断した」と言い張ってきかない。やむなく来訪の意図を告げた。

〝県警として情報漏洩の事実を公表し、謝罪する意思はあるのか。あるのなら漏洩の証拠となる資料の写しを提供し、調査に協力する〟――。入手した文書の綴りをみせて説明したが、県警側は「取材依頼書を書け」として主張を変えようとしなかった。不誠実さに呆れるしかない。

ハンターの申し出を受けた時点で情報漏洩を認めたことになるのは確かだ。認めて流出資料を受け取れば、県民向けの会見を開かざるを得ない。数十件もの捜査資料が流出したのだから当然だろう。すると強制性交事件における不当捜査の実態まで認めざるを得なくなる。責められるのは不当捜査の指揮を執った鹿児島中央署の元署長で現在は刑事部長を務めている井上昌一氏。同氏は、退任する三月までこの問題を隠し通し、「なかったこと」にするものとみられている。

腐った組織に腐った警察幹部――。県民の安心・安全より「警察一家」の都合を優先させる鹿児島県警は、まさに税金泥棒だ。前稿で述べた通り、入手した「告訴・告発事件処理簿一覧表」に記載のある人物や法人を確認し、情報漏洩があったという事実を告げた上で、記載内容の確認を求めていく。

【速報】強制性交事件と情報漏洩で箝口令（2024・3・8）

「事件のことは絶対にしゃべるな！」――。情報漏洩で揺れる腐敗組織・鹿児島県警が、捜査資料流出の発端となった不当捜査に関係する現場の捜査員らに、厳重な緘口令を敷いたことが分かった。

県警関係者によれば、こうした異常な対応は、選挙買収をでっち上げ、地域住民に「踏み字」までやらせて社会問題化した「志布志事件」以来。警察一家が関わったことで不当捜査が行われた強制性交事件が、捜査員が口をつぐんだため被害者救済が遅れた志布志事件と同じような経過をたどる可能性が出てきた。

県警内部からも憤る声

これまで度々報じてきた通り、ハンターが入手した数十件分の「告訴・告発事件処理簿一覧表」は、告訴または告発され事件化した案件の記録だ。多数の個人名、法人名、事案の内容、取り調べや聴取の日時などが明記されており、マスキング（黒塗り）はされていない。

処理簿一覧表がハンターに託されたのは、鹿児島中央署に勤務していた警部補の息子が訴えられた強制性交事件に絡む一連の捜査に、同署の署長だった井上昌一県警刑事部長が不当な圧力をかけたことが原因だとみられている。

強制性交事件とそれに関係する事案の捜査を指揮した井上氏は、鹿児島西警察署が対応すべき名誉棄損事案を強引に中央署で処理させ、先に表面化した強制性交事件を捜査中だった強行犯係の警察官に対応させるという異常な捜査指揮を行っていた。その証拠が、県警内部から流出した「告訴・告発事件処理簿一覧表」である。

関係者によれば県警は、検察への事件送付の際、「警察一家」にとって不都合な供述調書や証拠などの一部を省いた可能性さえあるという。これについては稿を改め、別の流出資料を示して詳しく報じる予定だ。

歪められた捜査に基づく送検資料によって予断を与えられた鹿児島地検の検事が下した答えは、案の定「不起訴」。ハンターは昨年一一月、県警内部から流出した前掲の文書を鹿児島地検に届け、捜査が歪められた可能性を指摘したが、担当した検事に聞く耳はなかったようで、ろくな調べもせぬまま不起訴処分を決めていた。県警も検察も腐っているということだ。

ハンターの追及が続く中、保身しか頭にない県警上層部は、不当捜査と情報漏洩の実態を知っている警察官らに対し**「事**

件のことは絶対にしゃべるな！」という極めて強い命令を発し、箝口令を敷いているという。ある警察関係者は、「**志布志事件以来の暴挙**」と憤る。

「志布志事件」との類似性

二〇〇三年、同年春に行われた鹿児島県議員選挙で当選した議員の陣営が特定の集落で現金などを配ったとして、当選した議員夫妻と一一人の住民らが、県警に公職選挙法違反（買収）の容疑で逮捕され、その後鹿児島地検による起訴へと進む。

のちに事件そのものが県警による〝でっち上げ〟で、それを正当化するため、一方的に疑いをかけた住民に家族の名前を書いた紙を踏みつけさせるという「踏み字」に代表される違法な取り調べや長期にわたる勾留、自白の強要が行われていたことが明らかとなる。

この志布志事件で違法・不当な捜査が行われたことを最初に報じたのは、テレビ朝日の「ザ・スクープ」。二〇〇五年に同番組が問題提起したことで注目を集めることとなり、二〇〇六年一月から始まった朝日新聞の報道で大きな社会問題となる。鹿児島地裁で起訴された一二人全員（一人は公判中に病死）に無罪判決が出たのは、県警のでっち上げ捜査開始から四年近く経った二〇〇七年一月だった。

何年にもわたって無実の人々が苦しめられたのは、鹿児島県警が、捜査員らに「事件のことは絶対にしゃべるな！」として箝口令を敷き、違法捜査の実態が隠蔽されたためだ。県警による不当捜査、それを真に受け間違った処分（志布志事件では「起訴」）を下した検察、社会問題化した後の警察内部の緘口令――。事案の内容は違っているが、二〇年前の志布志事件と今回起きた強制性交事件に絡む一連の動きには、通底するものがある。

今回の強制性交事件でも不当捜査と検察の不作為によって間違った処分（「不起訴」）が行われ、情報漏洩もあって厳しい緘口令が敷かれている。検察の結論に「起訴」と「不起訴」の違いこそあれ、弱い立場の人が警察や検察によって苦しめられるという点で両方の事案の構図は同じだ。

警察の威信を失墜させた志布志事件の背景には、捜査を指揮していた幹部警察官と、別の自民党重鎮県議の親しい関係があったとも言われている。今回の県警による強制性交事件への対応でも、被害者から告訴状が提出される前に、警察関係者から所轄署に「合意があった」という説明が行われていた可能性が高い。

ある司法関係者は、次のように話している。

「結局、鹿児島県警は志布志事件についてこれっぽっちも反省していなかったということだ。今回は、強制性交事件の被害者が提出した告訴状を門前払いにした上、受理した後も不当な捜査指揮が行われた疑いが濃い。事件のでっち上げも、警察関係者が関与した事件のもみ消しも、根は同じ「警察一家」擁護の考え方に基づくものだと言えるだろう。都合が悪くなっての緘口令もそうだが、この体質は鹿児島県警特有のものなのかもしれない。情報漏洩は良くないことだが、上層部の暴走を目の当たりにした現場の警察官らが、止むに止まれず捜査資料をハンターに投げたということだろう。悪いのは県警の上層部。鹿児島県警は、二〇年前と同じ道をたどっている」

県警は大量の捜査情報流出を受け、内部情報にアクセスした人間を特定できるようシステムの変更を行っているという。パスワードを使ったアクセスから顔認証に変えるなど対策を急いでいるというが後の祭り。ハンターは、数十件分の捜査資料を入手している。県警上層部は近いうちに、緘口令は無駄だと知ることになる。

【速報】県警が強制性交事件の資料改ざん（2024・3・14）

大量の捜査資料を流出させながら会見を開かず、実態を隠蔽している鹿児島県警が、情報漏洩の発端となった強制性交事件の事件処理簿を、一部削除の形で改ざんしていたことが分かった。

送検前、削除された調書の記載

改ざんされたのは、新型コロナウイルス感染者の療養施設に派遣されていた鹿児島県医師会の男性職員が強制性交の疑いで告訴された事件の処理簿。先に95頁に示したのが当初入手の女性が男性職員を告訴した事件処理簿で、記載内容から事件を鹿児島地検に送致した後のものとみられる。

一方、最近になって入手したのが、同じ強制性交事件の処理簿でありながら、記載内容が一行多い処理簿（108頁）。送検前のものだと思われる。

二枚の文書を見比べれば分かるが、送検前の処理簿に記載されていた「被告訴人の取調べを実施。 R四・一一・一〇参考人●●●●の取調べを実施。 R四・一一・三〇参考人▲▲▲▲の取調べを実施」が、送検後の処理簿からは一行丸ごと削除されている。

確認したところ、削除された記載に出てくる二人の参考人は、確かに一一月一〇日と一一月三〇日に、それぞれ聴取を受けており、調べにあたった警察官が作成した調書に署名している。当然、その時の調書は残っているはずだ。

被告訴人（元鹿児島県医師会職員）の調書が存在している

[redacted]

事件名		各種年月日		被疑者	捜査主任官	認知票入力	終結理由
[redacted]強制性交被疑事件		発生	R03. 08. 15	[redacted]	[redacted]	あり R04. 02. 10	
		認知	R04. 01. 11				
		本部報告					
		告訴等相談	R04. 01. 07	被害者	処理担当者	事件種別	捜査資料保管
		告訴等受理	R04. 01. 17	[redacted]	[redacted]	成人事件	ファイル名 告訴・告発事件処理簿
		被疑者判明	R04. 01. 11				
		検挙					
手口	強制性交等	送致（付）		証拠資料	採取資料	処理区分	
要指導	なし	終結		整理番号 短 令和4年-第176号	整理番号	基本	
告訴等	R04-10	時効	R13. 09. 15	整理番号 長 令和4年-第327号	現在数 0品目		
DVST		データ更新	R05. 05. 31	現在数 2品目			
処理経過		被告訴人の取調べを実施。R4. 11. 10参考人[redacted]の取調べを実施。R4. 11. 30参考人[redacted]の取調べを実施。R4. 12. 2被告訴人の取調べを実施。R4. 12. 21被告訴人の取調べを実施。R5. 01. 14被告訴人の取調べを実施。R5. 01. 22被告訴人の取調べを実施。R5. 01. 28被告訴人の取調べを実施。R5. 01. 31R4. 10. 12に採取した付着物[redacted]R5. 02. 03被告訴人の取調べを実施。R05. 02. 07[redacted]R05. 02. 16参考人[redacted]から調書録取。R05. 02. 20参考人[redacted]から調書録取。R5. 2. 22告訴人から供述調書2通を録取。R5. 2. 24被告訴人の取調べを実施。R5. 3. 9被告訴人の携帯電話の任意提出を受け，解析課に解析依頼。					保管場所 強行キャビ

送検時に削除された部分

送検時に削除された一行の残る事件処理簿一覧表、女性が男性職員を告訴した事案

のかどうか知る由もないが、処理簿に「被告訴人の取調べを実施」という記載がある以上、こちらも何らかの記録が残っていなければならない。では、なぜ問題の一行が削除されたのか――。

まず、「スペースが足りなくなった」などという幼稚な言い訳は通用しない。送検後の処理簿にはまだスペースがあるし、そもそも用いる文字のポイントをおとせば済むこと。従ってスペースの問題ではない。

次に「後日改めて調書を作成したから、聴取段階の記載を削除した」という鹿児島県警ならありそうな主張も、合理的とはいえない。前述したように、調べを受けた二人は、警察官の求めに応じて署名しているからだ。

考えられる答えは限られる。削除は、警察一家にとっては不都合な部分――警察官の息子だった医師会の元職員が不利になるような供述――がある調書を意図的に削除し、なかったことにするためではないのか。つまり送検にあたって、「起訴」につながりかねない証言の記録を隠したということだ。いかなる理由であるにせよ、事件処理簿が改ざんされたのは事実。新旧の処理簿がその証拠である。

県警は一二日、記者レクの形で情報漏洩を認めたというが、対象としたのは二枚の処理簿に記載がある四件の事案についてのみ。しかし、これまで報じてきた通り、流出した処理簿は多数であり、数十件分の捜査情報だ。調査中をいいことに会見を開かず、記者レクでお茶を濁すという弥縫策に走ったのは大きな間違いだと指摘しておきたい。

ハンターの記者は先月、鹿児島県警が情報漏洩を認め県民に謝罪するなら入手した全ての処理簿を提供しようと申し出たが、担当の県警幹部は一時間近く待たせたあげく面会も拒否。県警は、漏洩内容を掴む機会を自ら放棄した。結局、どれだけの規模の情報漏洩があったのか、いまだに把握できていない状況だ。警察庁あたりから指導され、やむなく記者レクを行ったとみられるが、お粗末すぎて話にならない。

ちなみに、県警は情報漏洩が認められた関係者に、事の経緯を説明し、すべての人に「謝罪」を終えたかのような話をしたようだが、肝心の強制性交の被害者には謝罪していない。県警は記者レクの前日、強制性交事件で被害を訴えている女性の代理人弁護士に「個人情報の保護に関する法律に基づく通知について」という発出文書を一方的に届けたが、その通知には謝罪の言葉は一切なく、事実関係を列挙しただけ。文書の中に「二次被害のおそれの有無と内容」とあり、次のように記されている。

ネット記事では、前記二の部分については黒塗りになっていますが、今後、ハンターから直接取材の虞（おそれ）もあるなど、二次被害の虞がないとは言えないところです。

「ネット記事」とは情報漏洩について報じてきたハンターの配信記事のことで、「前記二」は被害を訴えている女性の氏名や生年月日といった漏洩した情報の内容を指している。県警に断っておくが、ハンターは強制性交事件の報道を始めるにあたって、最初に被害者に会って話を聞いており「二次被害」を与える「虞」などない。そもそも、不当捜査によって強制性交事件の実相をねじ曲げ、被害女性に二次被害を与えたのは鹿児島県警ではないのか！

疑われる県警と県医師会の「共謀」（2024・4・8）

医師会長選挙への影響を最小限にとどめるため事件の矮小化を図ろうとした鹿児島県医師会の池田琢哉会長周辺と、「警察一家」の体面を守ろうとした県警幹部――両者の思惑が一致した結果が、強制性交事件のもみ消しと、これを良しとしない関係者による捜査情報漏洩だったとみられている。時系列に従って事件経過を振り返ると、医師会側が早い時期から「合意に基づく性行為」だったと強弁した裏に、事件のもみ消しを図ろうとした県警の歪んだ思惑が働いていたことが分かる。

事件の検証をするにあたって、関連する事項を時系列で表にまとめた。

事件化前、中央署に出向いていた〝わいせつ職員〟と元警官の父親

強制性交事件が起きたのは二〇二一年九月。被害を知った女性の雇用主が県医師会の男性元職員を呼んで事実関係の確認を行ったのが同年一二月一日だ。その四日後の一二月五日、男性職員は被害女性とその雇用主に謝罪の手紙を書き、SNS上で画像を提示した。

男性職員が手書きしたとされる「罪状」と題する文書には、「強制性交等罪であることを認めます」と明記してある。その上で男性職員は、被害を訴えている女性に「詫び状」と思われる文面の文書を作成していた（69頁　2022・11・25記事参照）。

ハンターが入手した県医師会の内部文書や鹿児島県への開示請求で入手した資料によれば、この手紙の画像を送信したあと、男性職員は警察官だった父親と複数回警察に出向いて何らかの主張をし、〝刑事事件には該当しない〟というお墨付きをもらったことになっている。お墨付きをもらったのは被害女性が告訴状を提出する数十日前だったとみられる。

日付		事　象
2021年	9月	・強制性交事件発生。
	12月1日	・被害女性の雇用主が男性職員を呼び事実確認(事件発覚)。
	12月5日	・男性職員が被害女性側に謝罪文などを提示。
	12月6日以降	・男性職員と父親が複数回中央署に出向き事前相談。
2022年	1月7日	・被害者が鹿児島中央署に出向き告訴状を提出するも「マエゾノ」と名乗る女性警察官が受け取りを拒否。
	1月17日	・被害者の代理人弁護士からねじ込まれた中央署が告訴状を受理。
	2月10日	・県医師会の池田会長が県庁くらし保健福祉部を訪ね**強制性交を否定**。加害者である男性職員とその父親が警察に相談して、「**刑事事件には該当しないと言われている**」と明言。
	2月22日	・県医師会郡市医師会長連絡協議会で大西浩之常任理事が、男性職員が数回警察に相談に行き証拠を提出し、その際に「**暴行と恐喝で負けることはないよ**」と言われたと発言。
	9月27日	・県医師会が県に事件の報告書を提出。直後の会見で、池田会長と同会顧問の新倉哲朗弁護士(和田久弁護士事務所)が、「**合意に基づく性行為だった**」と断言。
	11月	・中央署強行犯係が関係者の取り調べを開始。
2023年	3月8日	・塩村文夏参議院議員が参院予算委員会で本件について質問。警察庁刑事局長が「**性犯罪にかかる告訴があり、要件が整っていればこれを受理し、速やかに捜査を遂げて、検察庁に送付する**」と答弁。さらに「**性犯罪に関する被害の届け出がなされれば、被害者の立場に立ってこれに対応すべきであり、その際には、警察が受理を渋っているのではないかというようなことを受け取られることのないよう被害者に対する説明にあたってはその心情に配慮するよう指導している**」と明言。
	6月9日	・県警が本件を検察庁に送付。
	12月22日	・鹿児島地検が不起訴処分を決定。
2024年	1月	・被害者側が不起訴処分を不服として、鹿児島検察審査会に審査請求。

県医師会男性職員による強制性交事件の経緯

告訴状受理は二〇二二年の一月一七日だが、その一〇日前、〝お墨付きを〟出していたと思われる中央警察署は、「合意があったから事件にはならない」という筋書きに従って、被害女性を門前払いにする。これであきらめると考えたのだろうが、女性の代理人弁護士が強硬に抗議したことで一七日、一転して告訴状を受理する。

不可解なのは、事件の相談があった場合に警察の記録として残る「犯罪事件受理簿」（参照）に、門前払いした際の「日付」＝「一月七日」という記載がないこと。門前払い自体を「なかったこと」にした格好だ。

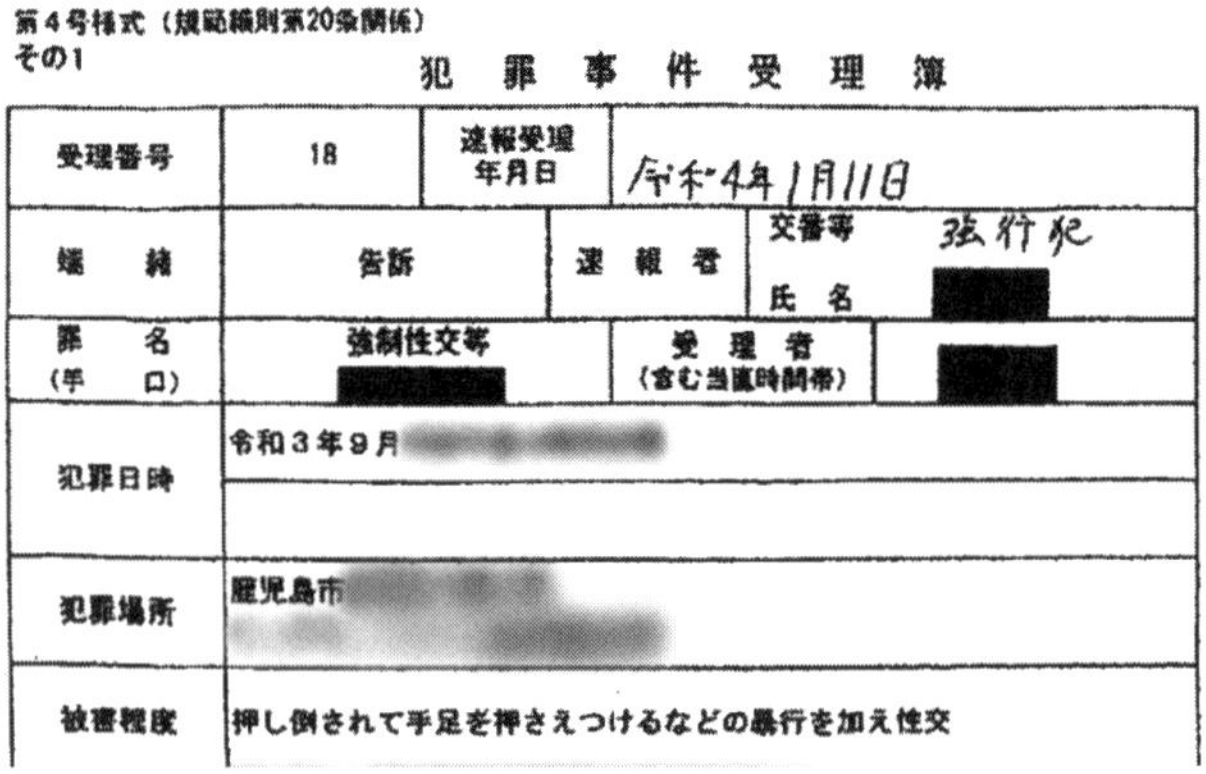
第4号様式（規範細則第20条関係）
その1
犯罪事件受理簿

受理番号	18	速報受理年月日	令和4年1月11日		
端緒	告訴	速報者	交番等 強行犯	氏名	[redacted]
罪名（手口）	強制性交等 [redacted]	受理者（含む当直時間帯）	[redacted]		
犯罪日時	令和３年９月				
犯罪場所	鹿児島市				
被害程度	押し倒されて手足を押さえつけるなどの暴行を加え性交				

犯罪事件受理簿

ここでいったん時間を進める。強制性交事件の告訴状を受理した中央署は、なぜか捜査に着手しなかった。「多忙」を理由にして被害女性への聴取などを引き延ばし、ようやく関係者の事情聴取を始めるのは告訴状受理から一〇カ月も経った二〇二二年一一月。強制性交という重い犯罪行為で告訴状が出ているというのに、おそろしく遅い対応だった。

ちなみに国会で本件についての質問に答えた警察庁刑事局長は昨年三月、「性犯罪に関する被害の届け出がなされれば、被害者の立場に立ってこれに対応すべきであり、その際には、警察が受理を渋っているのではないかというようなことを受け取られることのないよう被害者に対する説明にあたってはその心情に配慮するよう指導している」とした上で、「性犯罪にかかる告訴があり、要件が整っていればこれを受理し、速やかに捜査を遂げて、検察庁に送付する」と答弁している。鹿児島県警の事件処理は、この答弁を真っ向から否定するもの。県警の捜査が不当なものであった証明でもある。

県警と医師会に問われる「人権侵害」の責任

前掲の時系列に従って事件経過を見ていくと、色分けした「一月一〇日」「一月二二日」「九月二七日」に行われた県医師会側の情報発信が、いかに人権を無視した非常識なものか分かる。県医師会の「合意に基づく性行為」という主張に、法的な根拠が一切なかったからだ。特に酷かったのは、九月二七日に医師会が開いた会見で、池田会長と同会の顧問弁護士である新倉哲朗氏（和田久法律事務所）が、世間に向けて「合意に基づく性行為」を断言していたこと。この時期は、まだ具体的な事件捜査が行われておらず、検察でも裁判所でもない医師会が事件の裁定を下すのは法を無視した暴走でしかない。明らかな人権侵害。人の命や権利を守ることを使命とする医師や弁護士の所業とは思えない。では、医師会側はなぜそうした非常識を強気で主張できたのか？　理由は、容易に想像がつく。

　告訴状提出前の男性職員とその父親の警察への働きかけ――。中央警察署における被害女性の門前払い――。やる気のない捜査――。男性職員が被害女性の雇用主を名誉棄損で訴えたという筋違いの事件を、西警察署管轄と承知しながら無理やり中央署に担当させた中央署の署長＝井上昌一前刑事部長による不当な捜査指揮――。つまり、〝もみ消し〟につなげようとする警察の意思がハッキリわかっていたからこそ、医師会側は「事件性はない」と言い切れたのではないか。医師会側と県警幹部による「共謀」という構図が疑われてもおかしくない。

　鹿児島県警は延べ五〇〇件近い捜査関連情報を流出させたが、原因を作った井上昌一刑事部長（元中央警察署長）は三月で退任。結果的に情報漏洩を招来する格好となった県医師会の池田琢哉会長も、今年六月で交代する見通しとなっている。つまり誰も責任をとらないということだ。しかし、この問題はまだ幕引きとはならない。次稿では、強制性交事件に関する県医師会幹部がついた「虚偽」の内容をつまびらかにする。

県医師会幹部がねじ曲げた事件の真相
（2024・4・17）

　二〇二一年秋、新型コロナウイルスの療養施設内で、女性スタッフに対するわいせつ行為が行われた。わいせつ行為を行ったのは療養施設に派遣されていた鹿児島県医師会の男性職員。女性スタッフは「合意はなかった」として二一年一月、男性職員を強制性交で告訴する。

　その後の顛末はハンターで度々報じてきた通り。県医師会は、事件が表面化する前から県などに対し強制性交を否定する見解を示し、発覚後も「合意があった」とする一方的な見立てを広めた。その過程で、県医師会の幹部が、組織内部の会議で事実関係とはまったく違う内容を報告して事件の実相を歪め、被害者側を誹謗中傷する形となっていた。改めて、その証拠を開示する。

県医師会常任理事（当時）の説明

女性が告訴状を提出した約一カ月後の二〇二二年二月二二日、鹿児島県医師会の郡市医師会長連絡協議会が開かれ、当時常任理事だった大西浩之氏（現副会長）が事件経過を説明。その中で、次のように発言する。

一二月一日、X理事長から当職員Aに突然の呼出があり、土下座をさせられ、まあ、その時の状況は記載にあるのですが、ちょっと、口にしづらい状況ですので、割愛しますけれども。結果として謝罪と慰謝料を求められております。

（中略）

さらに、慰謝料はB看護師のみならず、X理事長サイドにも一生をかけて償う額を振り込むよう要求されております。しかも、そのメールの文面には金融機関から借りてでも一括でB看護師とX理事長サイドの両サイドに一二月二五日までに振り込むよう指示されています。これは私も確認しています。一二月一日土下座をさせられた、まあ、そういう状況から混乱したA職員は事実と違うと思いながらも三〇〇万程度で収まるのなら何とかなると考え、そういうふうにA職員は考えたわけです。その後のやり取りで桁が一桁違ってきたため断念。体調を崩し、一〇日程度の休みを取っています。

さらに同年一二月三日、県医師会が開いた代議員と役員の合同会議で、大西常任理事が次のような報告を行う。

一二月一日にX理事長から突然、職員Aへ呼び出しがあって、土下座をさせられ、謝罪をさせられ、理事長と女性職員Bの両方にお金を支払うようにと、慰謝料を求められたと。慰謝料の回答期限は一二月五日まで。で、また慰謝料の支払い期限は一二月二五日と指示されております。職員Aは三〇〇万円ぐらいずつなら、払えばこの状況から逃れられると考えて、X理事長とのやり取りをしたんですけれども、要求されている金額が桁違いと分かったため、支払いは無理と思い、一二月五日以降X理事長との連絡を絶った。彼はそれ以降何をしていたかというと、精神科へ入院、そして両親と妻に告白、そして、えーまあ、その後少し元気になりまして、弁護士を紹介して頂いて闘うという、そういった気持ちになっております。

事実誤認の証明

結論から述べるが、大西副会長の発言のうち、傍線で示した内容は事実と大きく異なる。男性職員の言い分をノーチェックでそのまま伝えたにしても、それを公表することで事件の実相を歪め、被害者側に二重の苦しみを与えた責任は重いと言わざるを得ない。

まず、「土下座させられ」という大西発言についてだが、決して一方的なものではなかった。X理事長は、「「土下座しなさい」と言ったのは事実ですが、それは彼（男性職員が）強制性交を認めた後です。しかも、こちらから慰謝料の額を提示したことなどただの一度もありません」と断言する。確かに、男性職員は強制性交を認め、一二月五日に謝罪文を作成、その画像をX理事長に送信していた。

X理事長は、さらに「彼（男性職員）は、「強姦罪です」と自分で認め、自分から慰謝料の額を提示してきたのですから」と反論し、次の画像を示した（＊画像は次頁。一部をハンター編集部が加工）。

男性職員が謝罪文の画像とともに示してきたのは、女性への慰謝料を「一〇〇〇万円」とする内容の文書。X理事長宛ての同じ内容の画像も送られてきていた。大西副会長が言った「三〇〇万円」は、二人に対する初回支払額「一五〇万円」の合計であって、総額ではない。

あとの支払いは四カ月後からで、しかも二六年間三一二回の分割、一回の支払額は年二回のボーナス月を除いて二万五千円に過ぎない。上乗せするというボーナス月にしても支払額は四万円。強制性交事件を引き起こしておいて、こんな自分勝手な和解案が通用するとは思えない。X理事長によれば、慰謝料を二六年かけて分割で支払うという非常識な申し出だったため、以下の通り理由を明示した上で、この提示を断ったという。

「彼（男性職員）の犯罪行為によって苦しんでいる女性に対し、分割で、しかも二六年かけて支払うというのですから呆れてしまいました。彼が退職や転職をする可能性や支払いが滞るリスクを、被害者に共有しろということになりますから、こんな条件を認める人はいないでしょう」（X理事長）

この時の判断が間違いでなかったことは、「六〇歳の定年」まで支払うと記した男性職員が、コロナ療養施設でのわいせつ行為で県医師会から懲戒処分を受けたあとの二〇二二年一〇月末に、同会を退職したことでも証明されている。

問われる県医師会の責任

ここまで述べてきたように、大西副会長による「A職員は事実と違うと思いながらも三〇〇万程度で収まるのなら何と

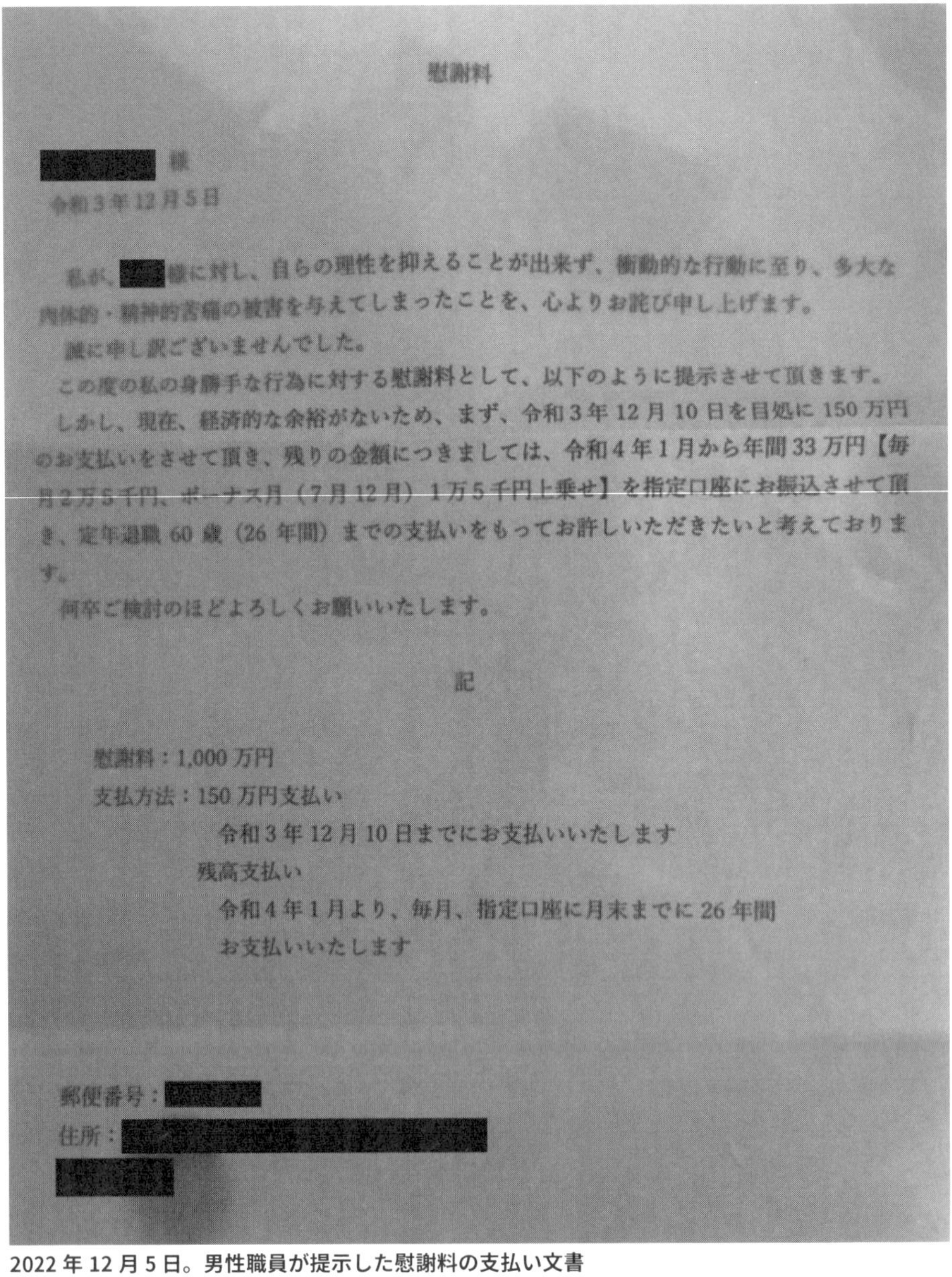

慰謝料

[redacted] 様
令和3年12月5日

私が、[redacted]様に対し、自らの理性を抑えることが出来ず、衝動的な行動に至り、多大な肉体的・精神的苦痛の被害を与えてしまったことを、心よりお詫び申し上げます。

誠に申し訳ございませんでした。

この度の私の身勝手な行為に対する慰謝料として、以下のように提示させて頂きます。

しかし、現在、経済的な余裕がないため、まず、令和3年12月10日を目処に150万円のお支払いをさせて頂き、残りの金額につきましては、令和4年1月から年間33万円【毎月2万5千円、ボーナス月（7月12月）1万5千円上乗せ】を指定口座にお振込させて頂き、定年退職60歳（26年間）までの支払いをもってお許しいただきたいと考えております。

何卒ご検討のほどよろしくお願いいたします。

記

慰謝料：1,000万円
支払方法：150万円支払い
令和3年12月10日までにお支払いいたします
残高支払い
令和4年1月より、毎月、指定口座に月末までに26年間
お支払いいたします

郵便番号：[redacted]
住所：[redacted]

2022年12月5日。男性職員が提示した慰謝料の支払い文書

かなると考え、そういうふうにA職員は考えたわけです。その後のやり取りで桁が一桁違ってきたため断念」も、「職員Aは三〇〇万円ぐらいずつなら、払えば、この状況から逃れられると考えて、X理事長とのやり取りをしたんですけれども、要求されている金額が桁違いと分かったため、支払いは無理と思い」も事実誤認。それが一方的、意図的に流布された形だ。

県医師会は、「合意があった」で事件の真相を歪めて性被害を訴えている女性の声を踏み潰し、さらに〝過大な要求をした〟と印象付け、X理事長の人格を攻撃した格好だ。事件の再検証が必要となるのは言うまでもないが、間違った言説を流し続けた大西氏ら医師会幹部の責任も問われるべきではないのだろうか。

第四章　前代未聞の報道弾圧、噴出する隠ぺい事件

「情報漏洩」の真相1　盗撮事件、幹部が「静観」指示か（2024・6・6）

「闇をあばいてください。」――送られてきた差出人不明の郵便物の一枚目には、そう大きく印字されていた。筆者は「内部告発」＝「公益通報」を確信した。

「捜査車輌」から犯人特定

職員の不祥事が相継いで報じられている鹿児島県警察で、事件化された複数の事案が現場の責任者の判断で隠蔽されていた疑いが浮上した。一部の事案では本年五月中旬に県警が盗撮の容疑者の警察官を逮捕、報道発表するに到ったが、すでに三月下旬の時点で同事案を含む未発表不祥事少なくとも三件の概要を記した文書が、筆者に送られてきていた。

別の情報漏洩事件を調べる過程で隠蔽事案三件が筆者とハンターに知られていることを察知した県警が、記事化に先手を打つ形で立件したとみられる。

地元報道などによると鹿児島県警は五月一三日、枕崎警察署の男性巡査部長（三二）を建造物侵入などの容疑で逮捕した。巡査部長は昨年一二月、県内の女性トイレに侵入して個室内の女性を盗撮した疑いがあるという。

取材結果や関係者の証言などによれば、この件は一度内部で握り潰されていた。当事者逮捕により事態が明るみに出る結果となったが、それまで少なくとも半年間は一切が伏せられていたわけだ。筆者とハンターは三月下旬までに事件の経緯をある程度把握できており、その概要は今回の発表とおおむね一致している。具体的には、以下の如くだ。

事件が発覚したのは、発表通り昨年一二月のこと。現場は枕崎市内にある公園の公衆トイレで、その個室を利用した被害者女性がドア上方にスマートフォンのような物があるのを目撃する。驚いた女性が声を上げてドアを開けたところ、その場にいた盗撮犯とみられる男が走り去り、近くにとめていた白い車に乗って逃走した。被害女性は最寄りの枕崎署にパトロールを要請。同署が付近の防犯カメラを調べたところ、事件先の「白い車」が同署の捜査車輌であることがわかり、事件のあった日時に当該車輌を使っていた職員も特定されたという。「捜査中」の犯行だった可能性が高い。

保身のため「静観しろ」

現職警察官による盗撮疑いを把握した枕崎署は、当然ながら容疑者である警察官のスマートフォンを差し押さえるなどの捜査を検討。告発文によれば、これに県警幹部が待ったをかけたという。具体的には「静観しろ」との指示があったとされる。

目的は、おそらく県警幹部の保身。おりしも鹿児島県警では職員の非違事案が相継いでおり、そこで現職警察官が逮捕されるとなれば幹部の責任問題に発展しかねない。隠蔽指示に異を唱える声が上がることはなく、捜査は頓挫。署ではこれを機に全署員へ「盗撮行為の防止」と題する教養（指導）を実施するとともに、容疑をかけられた職員の行動を監視し始めた――。

一度お蔵入りとなった事件が本年五月になって容疑者逮捕に到った理由は、前述したとおりハンターの報道で未発表不祥事が明るみに出る事態を回避する目的があったと考えられる。実際、県警は遅くとも四月上旬までに、同事件の情報が筆者とハンターに漏れたことを把握していた。

本稿冒頭で述べたように、鹿児島県警ではこの盗撮事案を含めて少なくとも三件の不祥事が握り潰されていたが、残る二件の概要については次稿で報告したい。

問われる報道の在り方

ここで参考までに述べておく。「夜討ち朝駆け」などと格好をつけているが、警察関係者が報道機関の記者に捜査情報（容疑者の供述内容など）を漏らす行為は、情報漏洩であり公務員法違反だ。全国津々浦々で二四時間三六五日、公然と行われている違法行為であるためか、これまで一度も問題とされたことがない。

その一方、当局の意に沿わない方法で情報を漏洩した職員が公務員法違反で逮捕され、極悪人のような扱いで大きく実名報道されることになるのは、まさに鹿児島県警を舞台とするここ一カ月ほどの異常な報道で読者諸氏もよくご存じの通りだ。県警の思惑に乗った報道が、隠蔽の事実を闇に葬ることになることを、地元メディアは肝に銘じるべきだろう。

なお、同県警をめぐっては職員の不祥事に係る情報開示請求への不適切な対応（存否応答拒否）を本サイトで指摘してきたところだが、筆者の審査請求（不服申し立て）から八カ月が過ぎた本年三月下旬時点で県情報公開・個人情報保護審査会（野田健太郎会長、委員五人）の結論はまとまっておらず、同二七日の審査会でなお継続審議となったことがわかっている。県警は、まだ何か隠しているということだ。

（小笠原淳）

「情報漏洩」の真相2　「巡回連絡簿悪用」も隠蔽か

（2024・6・7）

前稿で報告した鹿児島県警の警察官による盗撮事案に続き、筆者とハンター編集部が把握する未発表不祥事の概要を伝えておきたい。こちらは盗撮事案と異なり未だに報道発表されることがなく、このまま握り潰される可能性が高い。

「巡回連絡簿」を悪用

不祥事の舞台は、県内の警察署。同署地域課に所属し、ある駐在所に勤務していた三〇歳代の男性巡査長（当時）が、業務を通じて不正に取得した個人情報をもとに悪質なストーカー行為を行っていたという。

同巡査長は一昨年四月、パトロール中に立ち寄った事業所で一般の二〇歳代女性と知り合う。当初は月に一回程度の巡回の際に世間話をする程度の関係だったが、およそ一年を経た昨年四月ごろから、二人は個人的にＬＩＮＥのやり取りをする間柄となった。巡査長が駐在所の巡回連絡簿から女性の個人情報を不正入手し、携帯電話番号にメッセージを送信したのがきっかけだったとされる。

同女性に頻繁にＬＩＮＥを送るようになった巡査長は、仕事の休みを聞き出したり「抱いていい？」などと不適切なメールを送信したりする言動に及び始めた。女性は努めて当たり障りのないメッセージを返していたが、その後も食事の誘いやラブホテルなどについて尋ねるメールが送られてくるようになったため、昨年暮れになって交際相手に被害を相談することにした。この「交際相手」が加害者の同業者、つまり警察官だったことで、事件は県警の知るところとなる。本部人身安全少年課の調べに対し、巡査長は「若くて好みのタイプだったので男女の関係になりたかった」などと供述、不適切な言動があったことを認めるに到った。

被害女性の自宅や勤務先が駐在所の近くにあることから、所轄署は巡査長を駐在所勤務から外し、署内で勤務させる措置をとる。事件の調べにあたった本部は、上の供述やメッセージの記録などから、巡査長の行為がストーカー規制法に抵触する可能性を確認、年が明けて本年一月に捜査員三人が被害女性宅を訪ね、女性と両親に謝罪した上で捜査状況などを説明していた。

この訪問からさほど時間を経ていない二月上旬、捜査は唐突に終了する。被害女性が事件化を望まない意向を示したためだ。女性の本意は定かでないが、県警にとっては好都合な結論だったと言ってよい。立件されない以上は報道発表の必要がなく、事実関係を隠蔽し続けることができるためだ。実際、今に到るまで一切の経緯が公表されていない。ただし、巡回連絡簿が犯罪に使われたという事実は極めて重く、県警はその点だけでも公表して謝罪するべきだろう。

巡査長の処分などは、ハンターが情報を掴んだ三月下旬の時点で不明。筆者に送られてきた告発文書には、ストーカー行為の端緒をつくった巡回連絡簿の不正利用について、県警監察課が調査に入ったとの情報も記されている。

県警本部長のブラックジョーク

ところで、地元紙「南日本新聞」は、五月三〇日朝刊に野川明輝鹿児島県警本部長の定例会見での発言を掲載。記事では、県下の県警地域課長会議で野川氏が、次のように訓示したことも紹介している。

「巡回連絡などの活動により、統計だけではわからない治安課題を把握することができる。その解消が安心感や体感治安向上につながる」

ここ数日の報道によれば、筆者に件の内部告発文を送ったのは県警の前生活安全部長で、一連の犯罪隠ぺいを指示したのは野川本部長だったという。述べてきた通り、現職警官のストーカー事件で利用されたのは「巡回連絡簿」。その事件を握りつぶした張本人が、巡回連絡の強化を指示していたことになる。ブラックジョークとしか言いようがないのだが、事実なら、巡回連絡に協力する県民はいなくなるだろう。

（小笠原淳）

「情報漏洩」の真相3　公金詐取と「刑事企画課だより」（2024・6・8）

鹿児島県警の未発表不祥事報告、三回目となる本稿では県警が二年ほど前に把握していたとされる幹部警察官の不正請求疑いを採り上げる。

現職警視が超過勤務手当を詐取

筆者に送られてきた告発文とハンターの確認取材によれば、事件の主役は鹿児島中央署に勤務する五〇歳代の男性警視。同警視は二〇二一年三月に現在の階級に昇任後、きっかり一年おきに鹿児島南署→中央署→西署→中央署と異動を重ねてきていた。二二年の中央署所属時、実際の退庁時刻よりも遅い時間に退庁したように装う申告をし、超過勤務手当を不正に取得していたという。

不正が発覚したきっかけは不明だが、現時点で発覚から二年が過ぎており、事実ならば県警ぐるみで幹部の不正請求を隠し続けていることになる。内部では「立派な詐欺罪」と批判する声があり、事件化を見送った県警上層部の判断は悪質な隠蔽行為にあたるとの指摘もある。

さらに、上述した一年おきの異動が事件の隠蔽と無関係ではないとする見方もあり、組織はいわばそのような頻繁な異動をもって当人への制裁としている——、そんな可能性が囁かれているようだ。

　本件に関するこれ以上の詳細はわかっていないが、筆者とハンターが情報を把握した時点で「しかるべき制裁」を求める告発の声が伝わっていることをつけ加えておく。

「刑事企画課だより」

　結びに、今回の不正請求の情報とほぼ同時に入ってきた県警の奇妙な動きを報告しておきたい。ハンターは昨年一一月、鹿児島県警が職員向けの文書で事件記録の「積極的な廃棄」を指示していた事実を報じた。文書は昨年一〇月二日付の『刑事企画課だよりＮＯ20』（＊次頁の画像）で、「適正捜査の更なる推進について」と題した特集で捜査資料などの扱いについて呼びかけたもの。全体として資料の積極的な廃棄などを推奨する不適切な文言が並んでいた。

　これを紹介したハンター記事の配信直後——具体的には昨年一一月二一日、県警はなぜか再び「適正捜査の更なる推進について」と題した『刑事企画課だよりＮＯ23』を作成、一〇月の『ＮＯ20』に見られた不適切な表現を事実上訂正し、あるいは慎重な言い回しに改めていたことが分かる文書が、今回送られてきた郵便物に封入されていた。たとえば、以下のごとし。

・〈被害者が秘匿録音していることもありますので、対応等の言動には十分注意してください〉

↓全文削除

・〈「警察にとって都合の悪い書類だったので送致しなかったのではないか」と疑われかねないため、未送致書類であっても、不要な書類は適宜廃棄する必要があります〉

↓

〈必要なものは検察庁に確実に送致するほか、その写し等については、犯罪捜査規範施行細則等に基づき、適切に保管管理し、保管管理が不要と判断したものは、関係者のプライバシー保護の観点等からも、確実に廃棄する必要があります〉

・〈再審や国賠請求等において、廃棄せずに保管していた捜査書類やその写しが組織的にプラスになることはありません！！〉

↓

〈国賠請求や再審請求等が提起された場合には、その

刑事企画課だより

1 年 未 満 保 存
(令和6年3月31日まで)
FN. C1－2－0
鹿 刑 企 号 外
令 和 5 年10月 2 日

適正捜査の更なる推進について

1　被害届の即時受理について

・　「被害届の即時受理」は，**被害届を出さないと言っているものまで受理することを求めているものではありません。**

・　事実が判然としない場合であっても，「明らかな虚偽又は著しく合理性を欠くものである場合」を除き，被害届を受理してから捜査をした上で事件性を判断することとなりますので，積極的に被害届を受理した上で捜査を開始してください。

・　被害届に関するトラブルの多くは，前さばきをしようとして発生していますので，受理・不受理の判断は，一捜査員だけではなく，組織的な検討を実施しましょう。

・　被害の届出に際し，被害者が秘匿録音していることもありますので，対応時の言動には十分注意してください。

2　還付公告について

・　警察が押収した物で，捜査上留置の必要がないものの，受還付人が判明しない等の事由により還付することができない場合は，還付公告を行うことで，警察での処分が可能となります。

・　「還付公告は，公訴時効完成する直前に実施する。」などと，誤った認識を持った人がいますが，実際は公訴時効を待つ必要はなく，押収後ある程度捜査を尽くして受還付人が判明しないと判断した時点で実施することができます。

・　還付公告は，証拠物件の時効送致が不要となるだけではなく，点検業務の軽減，紛失防止にも繋がるなど多くのメリットがあるので，積極的に実施してください。

3　捜査資料の管理について

・　県内において，**捜査書類の紛失・誤廃棄事案**が**多発**しています。
R５刑事企画課だよりNo. ８「捜査書類の適切な取扱いについて」を熟読の上，捜査書類の適切な取扱いを徹底してください。

・　個人情報を含めた捜査情報を記録したノート（メモ帳を含む。）やルーズリーフを，現場や立ち寄り先に置き忘れる事案も複数発生しています。
紛失時に多くの個人情報が流出するおそれがあるため，現場に携行する記録用紙に**大学ノート**や**メモ帳**を使用するのは**大変危険**です。

・　**取調べ内容を記録する紙**は，必要に応じて組織的に管理する場合があるため，大学ノートではなく，取り外しが可能な**ルーズリーフ**を使用しましょう。

対応に必要なものは引き続き廃棄せずに保管管理する必要があります〉

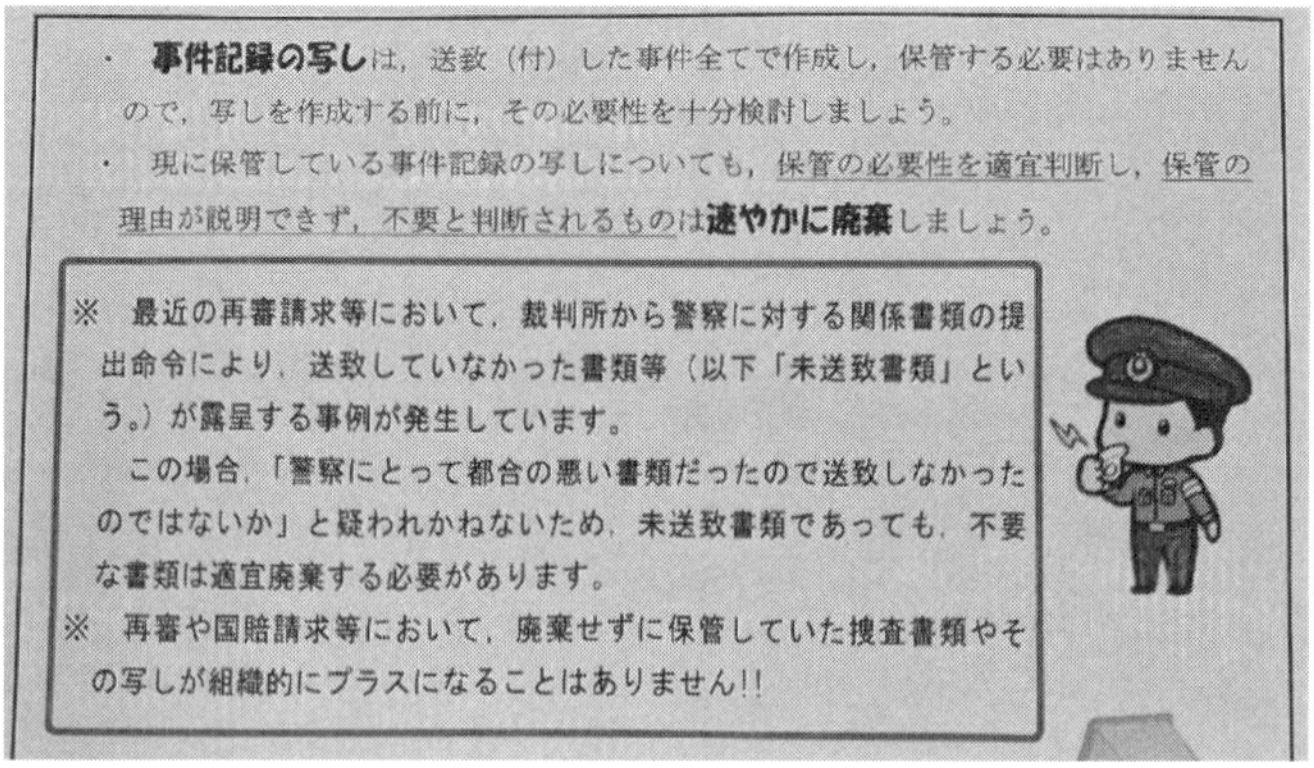

・ **事件記録の写し**は，送致（付）した事件全てで作成し，保管する必要はありませんので，写しを作成する前に，その必要性を十分検討しましょう。

・ 現に保管している事件記録の写しについても，保管の必要性を適宜判断し，保管の理由が説明できず，不要と判断されるものは**速やかに廃棄**しましょう。

※ 最近の再審請求等において，裁判所から警察に対する関係書類の提出命令により，送致していなかった書類等（以下「未送致書類」という。）が露呈する事例が発生しています。

この場合，「警察にとって都合の悪い書類だったので送致しなかったのではないか」と疑われかねないため，未送致書類であっても，不要な書類は適宜廃棄する必要があります。

※ 再審や国賠請求等において，廃棄せずに保管していた捜査書類やその写しが組織的にプラスになることはありません!!

捜査記録の破棄を促す「刑事企画部だより」

ハンターの指摘がなければ、県警はこれらの修正を行わなかったはずだ。一連の対応の適正性は、鹿児島県民を含む読者の評価に任せたい。

最後に重ねて述べておく。筆者に郵送されてきたのは、紛れもなく「内部告発」。公益通報であることを明確にしておきたい。

（小笠原淳）

県警の報道弾圧に抗議する（上）（2024・6・11）

「県民の信頼を取り戻す」「抜本的な対策を進める」――。警察官による違法行為が明るみに出るたび繰り返されている鹿児島県警のこうしたコメントが、実現することは絶対にない。県警が、表面化した事件の背景や真相を隠し続けているからだ。それだけではなく、まだ隠蔽されたままになっている事件さえ複数ある。本稿は、報道の自由を否定した鹿児島県警に対する抗議であり、この問題の「原点」（強制性交事件）が何かを問い直す、ハンターからの最後通告である。

「情報漏洩」で県警の思惑に乗る地元メディア

昨年来、鹿児島県警の警察官による不祥事発覚が相次いだ。公表された主なものを列挙する。

・未成年者に対する淫行があったとする強制性交事件（二〇二三年一〇月）
・二〇代女性へのつきまとい行為によるストーカー規制法違反事件（同月）
・地方公務員法違反（守秘義務違反）事件（二〇二四年

三月）
・不同意わいせつ事件（二〇二四年四月）
・性的姿態撮影処罰法違反（盗撮）事件（二〇二四年五月）
・国家公務員法違反（守秘義務違反）事件（二〇二四年五月）

はじめに、二件の守秘義務違反に関する事案については、公務員法に触れるものではなく、「公益通報」あるいは「内部通報」であるということをハッキリさせておきたい。さらに、二件の守秘義務違反事案の発端となったのが、鹿児島県医師会の元男性職員（二〇二二年一〇月に退職）が訴えられた強制性交事件における不当捜査であることも明確にしておかなければならない。原点を知らずして、公益通報の経緯を語ることはできないということだ。

鹿児島県警本部

その上で述べる。二件の公益通報は、いずれも県警内部の不正・腐敗を正すための告発であり、その発端となったのが県医師会の元職員による強制性交事件だ。わいせつ事案と公益通報を同列に扱い、「警察官の犯罪」「とんでもない警察官」などと批判する地元メディアの報道を見てきたが、底の浅さに呆れるばかりである。残念なことに、守秘義務違反事案の動機に疑問を持ち、事案の経緯を丹念に迫った調査報道を、筆者は寡聞にして知らない。

公益通報の背景にあるのは、鹿児島県警という組織の悪しき体質だ。これまでの地元メディアの報道は、それを隠したい県警の思惑に乗る形になっている。報道の使命は、権力の監視であると同時に、歪んだ力によって隠された真実を暴くことではないのだろうか。警察や医師会といった権力側の発表を何の疑いもなく記事にすることで、本当に裁かれなければならない人物が笑い、悪質な犯罪が闇に葬られることを、鹿児島メディアは自覚すべきだ。

公益通報の発端は強制性交事件

ハンターは、二〇二二年三月に強制性交事件の第一報となる「コロナ療養施設で職員が性行為」を配信。その後、県医師会の人権を無視した被害女性への仕打ちに加え、告訴事案となった本件の捜査を担当した鹿児島県警中央警察署が〝もみけし〟を図ったり、不当な捜査指揮が行われたりしたことを報じてきた。

その過程で入手したのが、強制性交事件で不当な捜査指揮があったことを裏付ける「告訴・告発事件処理簿一覧表」であったことは、一連の配信記事で明らかにしてきたとおりだ。従って、ハンターが入手した処理簿は「公益通報」によるものだったと確信している。

入手した処理簿によって明らかになったのは、中央署長から県警刑事部長に出世していた井上昌一氏によるものとみられる不当な捜査指揮の実態。流出の原因を知られたくなかった県警は当初、処理簿に記された一部の民間人にのみ情報が漏れたことを謝罪し、幕引きを図る構えだった。形を変えた隠蔽だ。しかし、強制性交事件の真相を埋もれさせるわけにはいかない。意を決した筆者は、二〇二四年二月二一日に鹿児島県警本部を訪問した。

この時の県警の対応は異常としか言いようがなく、処理簿一覧表を確認させた上で公表・謝罪を条件に保有していた一覧表を渡そうとしたが、県警側は拒否。処理簿に触れようともしなかった。他の都道府県の警察本部なら、正式な受け取りは避けても、その場で処理簿のコピーだけはとっていたはずだ。それさえできなかったのは、処理簿一覧表を受け取って公表した時点で事が大きくなり、蒸し返されたくない「強制性交事件」に再度光が当たることになると考えたからだろう。

そもそも鹿児島県警は、強制性交事件に関する本サイトの数回のアプローチに、一度も向き合おうとせず、徹底的に黙殺することで組織防衛を図ってきた。改めて、これまでの県警とのやり取りを振り返っておきたい。

【二〇二三年一月一〇日】

性被害を訴えて助けを求めた女性を門前払いにしたことや、女性の言い分を聞く前に「刑事事件にはならない」などと結論付けたのは事実かどうかを確認するため、鹿児島中央署に出向き取材申し入れ。中央署側は、「こちらでは対応できない」として取材拒否。やむなく受付に署長宛ての質問書を預けたところ、同署は「受け取れない」(同署警務課)として、翌日に配達証明付きでハンターの記者に返送してきた。

【二〇二三年六月五日】

強制性交事件で被疑者となった鹿児島県医師会男性職員の父親で、鹿児島中央署に勤務していた元警部補が息子の事件に不当介入したこと、さらには県警がこうした事実を知りながら組織ぐるみで事件送致を遅らせた形になっていることについて申し立てるため監察官への面会を求めたが、「総務部総務課」の警部と警部補が対応。

監察官は対応せず、その後の連絡もなかった。

こうして沈黙を決め込んでいた県警は今年三月、処理簿の相次ぐ流出を重くみた警察庁や国家公安委員会から厳しい指摘を受け、五〇人体制で調査することを表明。ようやく情報漏洩の事実を認めて公式に謝罪したが、発端が強制性交事件の不当捜査にあることには一切言及していない。都合の悪いことを隠すため、「情報漏洩」だけに焦点を当てさせようとする思惑が透けて見える展開だ。以後、地元メディアは何の疑いももたず、その誘導に乗って県警発表をたれ流した。「官」を妄信するのは、この国のメディアを蝕む病である。

報道弾圧、ハンターへの家宅捜索

四月八日朝、突然ハンターの事務所に来た鹿児島県警の捜査員が、地方公務員法違反の関係先だとして令状を振りかざしながら家宅捜索。翌日、いったん押収して持ち去ったハンター所有のパソコンに残されていた処理簿などのデータを、返却時に削除するという暴挙に及んだ。

さらに県警は同月一八日、筆者に対して被疑者告知。二一日と二三日、情報漏洩に関わった疑いがあるとして筆者を取り調べた。筆者は、報道に携わる者としては当然の「情報源及び取材過程の秘匿」を貫いたが、強制性交事件のもみ消しを図ったとみられる県警と鹿児島県医師会の闇を追及してきたハンターに対する、あからさまな報道弾圧だった。本サイトが強制捜査をうける謂れはなく、怒りを込めて抗議しておきたい。

前述の通り、ハンターはこれまで、県警幹部による不当な捜査指揮を厳しく批判する一方、県警本部を訪問して流出資料の提供という形での協力を申し出たほか、三月になって県警側が求めてきた面会要請にも応じる約束をしていた。

これに対し県警は、同県警本部を訪れた本サイト記者の申し出を拒否。さらに自分たちの方から頼んできた面会要請も、約束前日の夕方になって一方的にキャンセルするという不誠実な姿勢だった。

あろうことか県警は、強制性交事件の真相を歪めた県医師会と県警を追及してきたハンターへの強制捜査着手と同時に、同事件で被害を訴えてきた女性の雇用主にまで捜査の手をのばした。〝これ以上騒ぐな！　医師会と県警に逆らうな！〟という、腐敗権力側の脅し――。ハンターは県警と医師会の癒着を疑ってきたが、間違いではないと考えている。

県警の報道弾圧に抗議する（下）
（２０２４・６・12）

鹿児島県警の警察官による「公益通報」が、二件立て続けに表面化した。一件目は井上昌一前刑事部長の不当な捜査指揮の証拠となる「告訴・告発事件処理簿一覧表」、二件目は野川県警本部長による警察官の犯罪行為隠蔽を告発する内容だった。一連の公益通報が行われるきっかけとなったのは、二〇二一年九月に起きた鹿児島県医師会の男性職員による強制性交が疑われた事件。この事件における不当捜査の実態を、ハンターに家宅捜索までして隠そうとしてきた鹿児島県警に、問題の「原点」が何かを問い直す。

「闇をあばいてください。」

四月八日の家宅捜索の際、ハンターの業務用パソコンにあったのが、本サイトに寄稿している北海道のジャーナリスト・小笠原淳氏に郵送されていた差出人不明の郵便物の画像だった。郵便物の内容は現職の警察官が犯した三件の違法行為が隠蔽されていることを示すもので、「闇をあばいてください。」とあった。ただ、県警は処理簿のデータにこだわりを見せただけで、三件の告発については訊ねようともしなかった。記事化が先行することを恐れ、意図的にそうしたということだ。

三件の告発事案の〝裏付け〟がいずれも取れない状態だったが、ハンターへの家宅捜索の際に偶然内部通報の内容を知った県警は、五月三〇日に告発文に記載されていたうちの一件を立件。それが、現職警官による盗撮事件だった。この件についても県警は、立件はしたものの「捜査車両」を使っていたことなど、不都合な事実は隠して公表している。他の二件――現職警官によるストーカー事件と公金詐取については、六月六日から八日にかけて配信した小笠原淳氏の三本の記事に詳述しており、ぜひご一読願いたい。

・【「情報漏洩」の真相１　盗撮事件、幹部が「静観」指示か】（１２０頁）
・【「情報漏洩」の真相２　「巡回連絡簿悪用」も隠蔽か】（１２１頁）
・【「情報漏洩」の真相３　公金詐取と「刑事企画課だより」】（１２３頁）

五月三一日、県警はこの件に絡んで情報漏洩を行った疑いがあるとして、県警の前生活安全部長を国家公務員法違反で逮捕。六月二日に送検した。逮捕容疑となったのは、小笠原氏に、捜査情報を記した文書を封入した郵便物を送ったことだった。しかし、鹿児島簡易裁判所で開かれた勾留理由開示手続きでは、逮捕された前生活安全部長が、県警本部長による二件の事件隠蔽があったことを知らせるための「内部通報」――つまり公益通報だったことを暴露。県警トップによる事件の隠蔽が疑われるという異例の展開となっている。

当初、送られてきた告発文について小笠原氏と検討したが、事件隠蔽を指示したのが刑事部長だという指摘には疑問を持っていた。隠蔽指示が出されたという盗撮事件も、立件されなかったというストーカー事件も、生活安全部マター。「本部長指揮」になっているのなら、刑事部が口を出す話ではない。刑事部長は、「静観しろ」（文書の記述）と指示する立場にない。「静観しろ」と言えるのは、生活安全部長か本部長の二人。そうなると捜査全体を止める権限を持つのは本部長だけだ。強制性交事件の不当捜査を追及してきたハンターがターゲットにしてきたのが前刑事部長だったことから、あえて前刑事部長に取材をかけさせ、本部長指揮の実態を聞き出させようと考えたとすれば、告発の記述にも合点がいく。ただ、いずれの事案も裏取りが困難。どうしたものかと迷っていた状況を一変させたのが、盗撮犯と元生活安全部長の逮捕だった。こうして県警自らが〝裏取り〟してくれた形になったことが、六月六日から八日にかけての配信記事につながっている。

「公益通報」

公益通報の壁は厚い。しかし、「情報漏洩」という単なる犯罪として片付けられようとしている二件の事件で問題になった文書が、本サイトでこれまで配信してきた記事の裏付けとなったのは事実。いずれの文書も県警幹部による不当捜査、犯罪の隠蔽を裏付ける貴重な証拠だった。それらの文書がなければ、県警の闇に光をあてることはできなかったはずだ。いずれも「公益通報」であると確信している。二件の公益通報の一件目は、「告訴・告発事件処理簿一覧表」の提供によって、次が「闇をあばいてください。」で始まる告発文によってなされた県警の不当な捜査指揮に対する抵抗だったとみることもできる。

重ねて述べるが、一連の事案の発端となったのは、新型コロナ療養施設内において起きた県医師会の元職員による強制性交事件だ。この件を追い続ける過程で、「告訴・告発事件処理簿一覧表」が不当捜査の証拠として登場し、配信記事を読んでいた元生活安全部長が本サイトと北海道のジャーナリストに信頼を寄せ、内部通報に及んだものと考える。

鹿児島県警によるハンターへの強制捜査は報道弾圧である。本稿をもって正式な抗議とするが、筆者がそれ以上に声を大にして訴えたいのは、強制性交事件の事実上のもみ消しがいかに不当なものであるかということ。たしかに報道弾圧は大問題だが、筆者はガサ入れを受けようが逮捕されようが、一向にかまわない。一人でも多くのジャーナリストや政治家が、卑劣な人間たちに踏みにじられてきた女性に救いの手を差し伸べてくれることをお願いしたい。筆者も小笠原氏も、そのために闘ってきたのだから。

強制性交事件の経緯

最後に、問題の強制性交事件について経緯を振り返っておきたい。

すべては、鹿児島県警中央警察署が性被害の訴えを門前払いにしたことから始まった。それに続く不当捜査。次いで、県医師会の池田琢哉会長が、強制性交を否定するためわざわざ会見まで開いて喧伝した「合意に基づく性行為」という主張——。医師会は男性職員を庇うことで池田体制を維持することを企図し、県警は男性職員の父親が警察官だったことから「警察一家」の体面を保つため事件のもみ消し、さらには不当捜査に走った。そうした経緯は、今回明るみに出た前生活安全部長によるものとされる郵便物に記されていた三件の警察職員による事件隠蔽の構図に重なる。

相手が警察であれ医師会であれ、腐敗した権力に立ち向かうのが報道の使命だろう。二年間、それをやり通した結果が、鹿児島県警によるハンターへの家宅捜索であり、被疑者調べだったとしても、私は歩みを止めるわけにはいかない。

【速報】県医師会側に捜査情報を漏らす？

（2024・6・18）

鹿児島県警の警察官による〝公益通報〟の捜査が進んでいた今年四月、事件に関連して家宅捜索が行われることや具体的な押収物などの捜査情報が、鹿児島県医師会側に漏れていた疑いがあることが分かった。同会関係者周辺の証言による。

これまでハンターは、「情報漏洩」だとされる一連の問題について、発端となったのは二〇二一年九月に起きた医師会の元職員による、新型コロナウイルス療養施設内における強制性交事件だと指摘。その裏で、県警と医師会が共謀する形で不当な捜査が行われた疑いがあるとして追及してきた。外部が知り得ない捜査情報を医師会側が知っていたとすれば、強制性交事件における県警と医師会の共謀関係が証明される格好となる。

県内に在住する男性A氏の証言によれば、今年四月中頃、ある県医師会の関係者が、〝**いまごろ、○○先生は、県警のガサ入れで、携帯とかを押収されてるはずだ**〟と捜査情報を披露したという。A氏は、「（医師会関係者は）「県医師会の中枢にいる人間から聞いた」と言っていたが、いろんなことが表になる前のことで、その時は何のことかわからなかった。今考えると、たぶんその頃には捜査が始まっていて、という時期と一致する」と話している。

県警は四月八日、「地方公務員法違反事件の関係先」だとしてハンターの事務所を家宅捜索。その日県警は、ほぼ同時刻に、強制性交事件の被害者の雇用主である病院長を待ち伏せし、携帯電話を押収していた。

二件の「ガサ入れ」があったことが表面化したのは、今月に入りハンターが事実関係を認めて公表してから。それまでは、一切明かされていなかった。医師会側が具体的な押収品＝携帯電話のことを知っていたとすれば、教えたのは県警以外になく、違法な「情報漏洩」があったことになる。今月中とされる池田氏の県医師会長退任を機に、医師会関係者から何件もの情報提供が寄せられる状況となっている。

これまで報じてきた通り、医師会の池田琢哉会長は強制性交事件が表面化する数日前の時点で、鹿児島県に対し「強姦といえるのか、疑問」と話して事件を矮小化。その理由の一つとして、警察が事件性を否定していることを挙げていた。

県警と医師会側の共謀を証明するかのように、二〇二二年一月には、被害を訴えている女性の告訴状提出を鹿児島県警中央警察署がいったん拒否し、事実上の門前払いにしていたことが明らかとなっている。医師会元職員の父親が、中央署に勤務していた警部補だったことも分かっており、同事件を巡る不当捜査は、「警察一家」を擁護したい県警側と、強制性交事件を否定したい医師会側の思惑が一致した結果だったともとれる。

新たに浮上した情報漏洩疑惑。事実だとすれば、県警は守秘義務違反を犯した警察官を特定し、逮捕すべきだろう。

「強制性交事件」被害者が初のコメント（2024・6・21）

二〇二一年九月に新型コロナウイルス感染者の療養施設内で起きた強制性交事件で被害を受けたと訴えてきた女性が、ハンターに現在の心境を明かした。告訴状を受理しながら、鹿児島県警の捜査がまったく行われていなかった二〇二二年九月二七日に、鹿児島県医師会の池田琢哉会長（当時。今月一五日退任）と顧問弁護士が会見を開き、一方的に「合意に基づく性行為だった」と公表してから初めて。短いコメントに、理不尽な県医師会・池田前会長への怒りがにじむ。

性犯罪被害に遭って分かったのは、被害者は「泣き寝入り」したいわけでもないし、「逃げ」たいわけでもないし、「負け犬」になることを許容するわけでもないということです。ただ、闘うエネルギーがないのです。「普通に」生きることに必死で、それ以上のエネルギーがありません。

周囲から見たら泣き寝入りで、頑張っていない、逃げているだけに見えるかもしれませんが、普通に生きることを頑張っているので、これ以上頑張れと言われても辛いのです。性被害に遭ってこんなにも「普通」という言葉に苦しめられるとは思ってもみませんでした。

私は今も定期的に受診をしていますが、受診のたびに「私は一体何と闘っているのか分からなくなりました」と伝えています。最初は対個人だと思っていたら、対県医師会となり、対県警となり、いまは対県医師会＋県警になりつつあります。

二〇二二年九月二七日に行われた県医師会の池田琢哉前会長による、あの一方的な記者会見以来、怒りと苦しみで毎日辛いです。もし加害者の、以前から頻繁にあったのであろう県医師会内での度を超えたセクハラ行為を池田前会長たちが闇に葬っていなければ、こうならなかった（私はこんな被害に遭わずに済んだ）と思えば、県の医師会は性犯罪を簡単に許す団体だとやはり感じます。

少しでも「普通」に対するストレスを減らすため私が望むのは、いまは医師会幹部の小児科医が運営する施設に勤めている加害者と、加害者を守り過ぎている池田前会長ら県医師会の方々が正当な裁きを受け、罰せられることです。それが叶うかどうかは分かりません。日本の法律は性犯罪に寛容ですし、鹿児島県医師会は、おそらく性犯罪の全てを「男女の関係だから」の一言で終わらせて問題にもしないのですから。

私のような被害者のために真実をつきとめようと闘ってくださる方々がいることに感謝しますが、どうか無理をされませぬようお願い致します。

被害にあった女性は二〇二二年一月七日、性被害を受けたとして鹿児島県警中央警察署を訪ね告訴状を提出しようとしたが、応対した「マエゾノ」と名乗る女性警察官は頑なに受け取りを拒んで門前払い。弁護士がねじ込んで同月一七日に告訴状が受理されたが、中央署はそれから一〇カ月以上、まともな捜査を行わなかった。

加害男性を療養施設に派遣していた県医師会の池田会長（当時）は、女性からの聴取も行わぬまま、二月一〇日に県くらし保健福祉部を訪問して強制性交を否定。この際、県警が「刑事事件には該当しない」と判断していることなどを

鹿児島中央警察署

申し向けていたことが分かっている。池田氏の強気と不当な警察捜査の背景に、警部補だった男性職員の父親が早い段階で、勤務していた中央署に「合意があった」と主張し、予断を与えていたという事実がある。

遅々として捜査が進まぬ中、県医師会の池田氏と顧問弁護士は九月二七日、問題の男性職員がハラスメント常習者だったことを伏せたまま、〝情状酌量の上、停職三カ月〟などとするでっち上げの「調査報告書」を県に提出。直後の記者会見で、「合意に基づく性行為だった」と断言していた。

性被害を訴えている女性に対して、二度、三度と被害を与え続けた県医師会の池田氏。県医師会の会長を引退したというが、理不尽な人権侵害を行った責任はどこまでも消えることはない。

県警、破綻した組織防衛の弥縫策（2024・6・24）

組織内で行われた不当捜査の実態を内部通報した二件の事案に揺れる鹿児島県警。発端となったのが、二〇二一年に鹿児島県医師会の男性職員が起こした強制性交事件のもみ消しと、それに続く不当な捜査指揮だったことは報じてきた通りだ。

でっち上げ、不当捜査、隠蔽と何でもありの同県警だが、都合の悪い話が外部に知られたと分かったとたん、火消しのための弥縫策を打ち出し、体面を保つことに躍起となっている。六月二一日に行われた野川明輝県警本部長の会見と記者レクの模様が報じられているが、その内容もまた、子供が笑いそうな創作でしかなかった。以下、「姑息」の証明である。

盗撮犯逮捕の真相

情報漏洩があったとして前生活安全部長を国家公務員法違反の疑いで逮捕した県警の野川本部長は、前部長が北海道の小笠原氏に送ったとされる文書に記されていた枕崎署員による盗撮事件について、「必要な対応がとられていた」と主張している。〝必要な対応〟とは〝盗撮犯の逮捕〟ということ

昨年12月中旬	・枕崎市内にある公園の公衆トイレで盗撮事案発生
同日以降	・付近の防犯カメラ映像から容疑車両が枕崎署の捜査車輌であることが判明 ・犯行時刻に捜査車輌を使用していた捜査員を特定
〃	・警官の非違行為として本部指揮に
本年4月8日	・ハンターへの家宅捜索
4月9日以降	・パソコンデータから北海道に送られていた告発文書確認
5月13日	・盗撮事件で枕崎署員を逮捕
同月31日	・国家公務員法違反の疑いで前生活安全部長を逮捕

枕崎署員による盗撮事件の経緯

らしいが、それは後付けの言い訳。実際には、四月八日のハンターへの家宅捜索でみつけた前生活安全部長の告発文の内容を精査し、あわてて立件したというのが真相だろう。

まず県警が手を付けたのは、ハンターのパソコンデータにあった告発文書の出所調査。記されていた三件の隠蔽事案のうち二件がストーカーと盗撮という生活安全部マターの話だったため、詳細を知り得る立場の職員を絞り込むのは容易だったはずだ。

次に、当たりをつけた生活安全部関係者のパソコンデータを解析、あるいは復旧させ、残っていた内容を確認。ハンターのパソコンにあった画像データと同じものを作成していた前生活安全部長を、情報漏洩の犯人として特定していたとみられる。この段階で前生活安全部長の身柄をおさえることが可能となっていたはずだが、組織の体面を守るため、先にやらなければならないことがあった。盗撮犯の逮捕である。

前生活安全部長は告発文書の中で、盗撮事案の発生場所や犯行に及んだ枕崎署の警察官が特定されていたことも明かしている。告発内文書にある盗撮事案を放置しておけば、いずれハンターが記事化して「隠蔽」がバレるのは必至。そうならないためには、先んじて盗撮事案を立件し、「必要な対応がとられていた」という言い訳を用意する必要があった。前生活安全部長が告発文に記した隠蔽の内容がすべて事実だったとなれば、まさに「内部通報」の証明。いまになっての本部長の強弁は成立しなかった。すべてを闇に葬るはずだった盗撮事案は、こうして立件された。つまり、前生活安全部長の告発がなければ盗撮犯は捕まっていなかったということだ。

県警としては、盗撮犯の逮捕前に告発文が世に出ることは避けねばならない。だからこそ、ハンターに対しては告発文について一切触れず、「告訴告発事件処理簿一覧表」のデータ削除にのみ、こだわった。事件発生から五カ月も経っての立件は、決して胸を張れるものではあるまい。盗撮犯は、昨年一二月から今年四月のハンターへの家宅捜索までの間、おそらく自由に動きまわっていたはずだ。県警は犯人を監視していたというが、四六時中捜査員を張り付けるのは無理な話。犯人の枕崎署員は長期間野放し状態であり、組織の目を盗んで犯罪行為を重ねていた可能性さえある。鹿児島県警が守りたかったのは、県民の安心・安全ではなく、「組織」なのだ。

もう一点、崩れている野川本部長の会見での主張がある。野川氏は盗撮犯逮捕が遅れた原因を、自身が「証拠が乏しい」と判断したことだと話している。しかし、これには不同意。事件が、「野川発言はウソだ」と言っても過言ではない経過をたどっていたからだ。

盗撮事件が起きた枕崎市内の公園に設置された防犯カメラの映像から、犯行時に使用された白いクルマが捜査車輌だったことは、時日をおかずに分かっていた。そもそも、証拠が足りない段階で本部に警官の非違事案として「速報」するわけがない。事実、速報後は犯行に及んでいた警察官のスマホを差し押さえて解析し、事情聴取まで終えていたというのが実態だった。

何らかの理由で犯人逮捕が遅れたとしても、せいぜい数日間。五カ月もかけて証拠を揃えなければならない事案ではなかった。少なくとも、前生活安全部長が北海道の小笠原氏に告発文書を送った「三月二八日」の時点では、すべての証拠が出尽くしていたとみるのが普通だろう。誰の指示であったにせよ、犯罪者を野放し状態にしていたのは確かで、その責任は野川県警本部長にある。タレントの伝言ゲームでもあるまいに、本部長の言葉が枕崎署に伝わる段階で「誤解された」という言い分も幼稚すぎて笑うしかない。

盗撮を隠蔽していたとすれば、それを指示した人物も実行した者たちも、「犯人隠避」という罪を犯していたことになる。疑われているのは県警トップと、鹿児島県警という組織体だ。その犯罪行為について、疑惑を持たれている鹿児島県警が調査し、本部長が潔白を主張したというのだからとんだ茶番だろう。泥棒が、「自分で調べてみたけど、私はシロです」と言っているようなものではないのか。多くの国民は、どうやら腐敗組織の弥縫策を見抜いており、こう思っているはずだ――。「姑息な連中だ」――と。

霧島署員ストーカー事件1
消された処理票データ（2024・7・17）

「警察官のストーカー被害にあった女性が、再三にわたり県警本部に事件の詳細な説明と謝罪を求めていますが、拒否され、被疑者からの謝罪の言葉もありません。どうか、今も苦しんでいる被害女性を助けてください。お願い致します」――。ハンターに送られてきたメールからは、被害女性に寄り添ってきた人の切実な思いが込められていた。公益通報問題で鹿児島県警と対峙する中、ハンターは取材を開始した。

二〇二三年二月一九日、鹿児島県霧島市のクリーニング店で働く二〇代の女性に、霧島署に勤務する警察官(以下、「X」)が無理やり自分の名刺を押し付けた。それ以前からXに待ち伏せされるなど付きまとわれていると感じていた女性は翌日、別の署に勤務していた顔見知りの警部補に相談。警部補は翌二〇日、霧島署の警務課長に事案を告知し、女性も同課長に被害状況を申告した。

その後、最初に女性から相談を受けた警部補が女性の周辺をうろつくXを現認したことで典型的なストーカー事案であることが明らかになったが、捜査段階で組織的なもみ消し・隠ぺい工作が行われ、結果的に今年、二〇二四年一月下旬、「不起訴」となっている。

この事案こそ、今年四月三日、ハンターに寄稿している北海道のジャーナリスト・小笠原淳氏に届いた封書の中の文書に記されていた「署員による二件のストーカー事案」のうちの一件である。今回、新たにハンターが入手した文書や関係者の証言から、隠蔽指示疑惑の野川明輝県警本部長が、この件についても把握していたことが明らかとなった。ハンターは、本部長や当時の霧島署長(現・生活安全部長)による組織をあげての隠ぺい工作があったとみている。

今年二月に内部告発

今年二月、鹿児島県警の元警部補のもとに一通の封書が届いた。中に入っていたのは一枚の文書(＊次頁がその文書)。「週刊現代」を読んで文書送付を思い立った形だ。県警内部で情報収集したらしく、「被害女性のために色々苦労されているとお聞きしました」とあり、そのあと、霧島署管内で起きたストーカー事案について述べている。

〇〇先輩へ
一 申し訳ありません。

突然ですが、週刊現代を読みました。

先輩が、被害女性のために色々苦労されているとお聞きしました。

霧島のストーカー事案について、一言言わせてください。

何故あのような対応をしてしまったのでしょうか。

二 あの事案は、最初の対応が大きく間違っていると思います。

まず、ストーカー事案でありながら、ストーカー事案としての対応を全く取っていません。

相談の中でストーカー事案と認められる場合は、

[redacted]先輩へ

1　申し訳ありません。
突然ですが、週刊現代を読みました。
先輩が、被害女性のために色々苦労されているとお聞きしました。
霧島のストーカー事案について、一言言わせてください。
何故あのような対応をしてしまったのでしょうか。

2　あの事案は、最初の対応が大きく間違っていると思います。
まず、ストーカー事案でありながら、ストーカー事案としての対応を全く取っていません。
相談の中でストーカー事案と認められる場合は、
　　ストーカー事案に関する相談受理票
　　ストーカー事案に関する処理票
の作成が必要となります。
ストーカー事案に関する相談受理票等は、通常警察署のストーカー事案担当係が作成するものです。
今回、ストーカー事案に関する相談受理票などを作成していないことは、文書の開示請求をすることで直ぐに明らかになります。

3　ストーカー事案に関する相談受理票、ストーカー事案に関する処理票も作成していないと思いますので、開示請求して文書がなければ、霧島署がストーカー事案として組織的に対応していなかったことがわかります。
まだこのような対応をしている警察官おり、警察署があることは信じられません。

4　今回の件は、当時の担当課長一人だけが悪いという雰囲気が組織内にあり、とても心配しています。（勿論責任はありますが、むなしいです。）
何より、根本が改善されない限り、今後も同じような事案が発生すると思います。
それぞれの立場において、責任があると思います。

5　いずれにしても、ストーカー事案（生安部門）と監察事案（警務部門）は、別々の部門（係）が同時並行に、分けて対応する必要があります。
これが常識です。
参考まで。

鹿児島県警の元警部補のもとに届いた手紙

ストーカー事案に関する相談受理票
ストーカー事案に関する処理票
の作成が必要となります。
ストーカー事案に関する相談受理票等は、通常警察署のストーカー事案担当係が作成するものです。
今回、ストーカー事案に関する相談受理票などを作成していないことは、文書の開示請求をすることで直ぐに明らかになります。
三　ストーカー事案に関する相談受理票、ストーカー事案に関する処理票も作成していないと思いますので、開示請求して文書がなければ、霧島署がストーカー事案として組織的に対応していなかったことがわかります。
まだこのような対応をしている警察官おり、警察署があることは信じられません。
四　今回の件は、当時の担当課長一人だけが悪いという雰囲気が組織内にあり、とても心配しています。
（勿論責任はありますが、むなしいです。）
何より、根本が改善されない限り、今後も同じような事案が発生すると思います。
それぞれの立場において、責任があると思います。
五　いずれにしても、ストーカー事案（生安部門）と監察事案（警務部門）は、別々の部門（係）が同時並行に、分けて対応する必要があります。
これが常識です。
参考まで。

この文書にある週刊現代の記事というのが、次の画像である。
現代の記事は今年一月の誌面に掲載されたもので、鹿児島県警霧島署にストーカー事案のもみ消し疑惑があることを報じていた。

明日を知る　風を感じる　人を見る

鹿児島県警・現役警官ストーカー事案を霧島署がもみ消し疑惑

「携帯電話番号を手書きしたので、何かあったら連絡してください」

昨年2月中旬、鹿児島県内のクリーニング店勤務の20代女性A子さんが、店を訪れた鹿児島県警霧島署の50代男性警察官N氏からこう言われて、強引に名刺を手渡された。さらに個人情報を聞かれるなどのつきまとい行為を受けたという。

しかもN氏はA子さんの帰宅時を見計らって、A子さんの車付近に自身の車を停車。恐怖を感じたA子さんは、県外の実家に帰らざるを得ないこともあったという。

事案発生当初からA子さんの相談を受けていた元警察官のB氏が怒りをあらわにする。

「彼女から相談を受けた私は霧島署にN氏の行為を伝えました。署から連絡を受けたA子さんは被害事実を相談しましたが、相談後に署から連絡は一切なく、N氏に対する調査や事案の確認をする気配はありませんでした」

霧島署に不信感を持ったA子さんは鹿児島県警察本部に相談。それ以降も「電話も含め、複数回霧島署などに苦情・相談をした」（B氏）という。

「ところが警察からはその後も納得のできる説明はありませんでした。しびれを切らしたA子さんは自身が相談した内容が記録されているはずの「苦情・相談等事案処理票」の開示請求を行ったのです」（同前）

その結果、事案発生直後にB氏が霧島署にA子さんの被害状況を申し出たことや、同日にA子さんが被害申告をしたことなど、少なくとも2件の「苦情・相談等事案処理票」が存在しないことが明らかになった。

一体なぜ「もみ消し」たのか。鹿児島県警本部は「警察が発表していない個別の案件については回答を差し控えます」（総務課）とコメントした。

B氏が呆れる。

「N氏はストーカー規制法違反容疑で書類送検されましたが、いまだに処分もされず別の署で勤務していると聞きます。警察への不信感と恐怖からか、A子さんは不眠症など、心身の不調に悩まされ続けているのです」

県警からA子さんに対して明確な経緯説明と謝罪はいまだ行われていない。（取材・文／大島佑介）

ストーカー事案の霧島署もみ消しを報じる週刊現代

前掲の郵送された文書はこの記事を受けて発出されており、初動捜査に間違いがあったことや霧島署の組織的隠ぺいを示唆する内容だった。整理番号をふって項目ごとにまとめ、確認した事項を二、三文字空けて列挙するという文書の作成方法は、警察官特有のものだ。

さらに、元警部補に送られてきた文書にある「今回の件は、当時の担当課長一人だけが悪いという雰囲気が組織内にあり、とても心配しています」という記述は、昨年秋、県警本部で流れていた〝霧島署の署長と警務課長が一方的に「ストーカーではない」と判断した〟という話と一致する。明らかに事情を知った上での内部告発である。

告発者は、二〇二三年二月に発生したクリーニング店の女性に対するストーカー事件の処理方法について、霧島署による初動捜査の間違いを指摘した上で「組織的な対応」を怠ったと断言、さらに「根本が改善されない限り、今後も同じような事案が発生する」と強い懸念を示している。

「霧島署」「ストーカー事案」「事実上の隠ぺい」――。捜査情報を漏洩させたとして逮捕・起訴された本田尚志前生活安全部長が、北海道のジャーナリスト小笠原淳氏に送ったとされる内部告発文書にあった「署員によるストーカー事案2件」は、同じ構図だ。

霧島署管内で起きた二つのストーカー事件は、現職警官による犯行であるという点と、事実上のもみ消しが疑われるという点（この点については後述する）、そして最も重要なこととして、現職警官の非違事案であるため「本部指揮」として扱われたものだったという三点も共通する。

本田前部長は、立件対象となった自身の内部告発文の中に「署員によるストーカー事案二件を発生させた霧島署長」と記しており、県警本部がクリーニング店で働く二〇代の女性を被害者とするストーカー事件を把握していたことが分かる。

本田氏の内部告発文書が指摘する霧島署長とは、現在、本田氏の後任として生活安全部長に就任している南茂昭氏。南氏が霧島署長であった時代に、管内で起きた現職警官による二件のストーカー事件が、いずれもうやむやに処理されていたことに疑念を抱くのは記者だけではなかろう。では、もみ消しが疑われるクリーニング店の女性に対するストーカー事件とはいかなるもので、どのような展開をたどったのか――。入手した資料や取材結果から検証する。

野川本部長の決裁印

初期の段階で〝もみ消し工作〟を主導したのは、霧島署の当時の署長と警務課長だ。ある時期から、これに県警本部も加わったとみられる。警官の非違行為は本部指揮であることから、警官不祥事の隠蔽指示で問題になっている野川本部長も、当該事案を掌握していた。その証拠が、昨年四月二五日に作成された「苦情・相談等事案処理票」。決裁欄には、野川本部長の印が押されていた。

この件では、その後も被害者側から県警本部への相談・苦情が続き、四月二五日以降、六月二二日に二件、同月二六日に一件と計四回、処理票の決裁文書に野川本部長が押印していた。野川氏は、当該事案を「知っていた」ということだ。

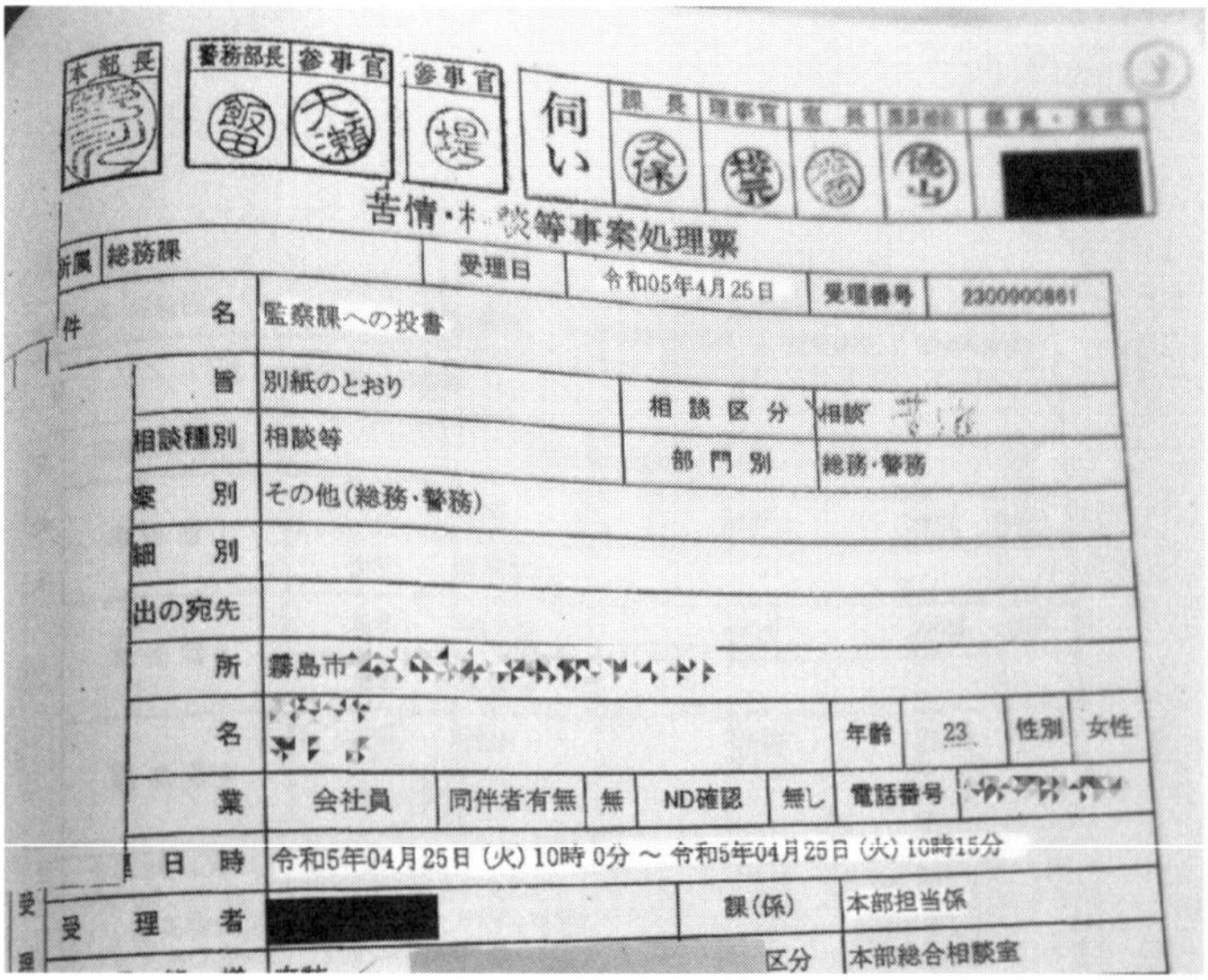

本部長 警務部長 参事官 参事官 伺い [redacted]

苦情・相談等事案処理票

所属 総務課　受理日 令和05年4月25日　受理番号 2300000861

件名 監察課への投書

要旨 別紙のとおり　相談区分 相談

相談種別 相談等　部門別 総務・警務

案別 その他（総務・警務）

細別

出の宛先

住所 霧島市

氏名　年齢 23　性別 女性

職業 会社員　同伴者有無 無　ND確認 無し　電話番号

日時 令和5年04月25日（火）10時 0分 ～ 令和5年04月25日（火）10時15分

受理者 [redacted]　課（係） 本部担当係

区分 本部総合相談室

2023年4月25日のストーカー事案の決裁文書に野川本部長の押印がある

この件は昨年一〇月、鹿児島県警が、霧島署に勤務する五〇代の男性警察官をストーカー規制法違反の疑いで書類送検しながら公表していなかったことを地元紙・南日本新聞がスクープしたことで表面化。被害女性が霧島署の警務課長に相談したが、その際の「苦情・相談等事案処理票が残されていなかった」ことになっていた。これこそが隠蔽工作の結果。後述するが、今回の取材で、実は霧島署への相談初日に処理票が作成されていたことが分かった。

皮肉な話だが、ストーカー事件発生当時の霧島署の署長は、今年春、ストーカーや盗撮などの事案を所管する生活安全部長に就任した南茂昭氏。先月二一日に国家公務員法違反の疑いで起訴された本田尚志氏の後任である。隠蔽工作が事実なら、県警幹部による新たな事件＝犯人隠避の可能性が浮上する。本部指揮事案である以上、その共犯（もしくは主犯）は野川本部長ということになり、その読みを裏付けるような話もある。

別の県警関係者によれば、ストーカー被害を訴えていた女性が県警本部に苦情を申し立ててから、霧島署長が何度も県警本部に呼び出されていたという。異例だったとされる複数回にわたる署長呼び出し――。それができるのは本部長だけだと考えるのが普通だろう。そこで、警官不祥事のもみ消しが相談されたという見立ても成り立つ。

県警は「一般論として、監察事案や被害届を受理した場合などは（処理票は）作らない」と説明してきたが、真相は違う。そもそも、本件では相談初日の段階で被害届など提出されていないし、監査事案にもなっていない。前述したとおり、警務課の課長と署長が一方的に「ストーカーではない」と決めつけ、本部長の指示もあって事件を隠ぺいした疑いが濃い。それを証明する事実を、複数の元警察官が証言しているからだ。

消された相談初日の処理票データ

今回、新たな情報提供を受け取材したところ、とんでもない証言が飛び出した。被害女性が相談したその日に、「ない」とされてきた処理票が作成されていたというのだ。経緯を知る人物（以下、「A氏」）に話を聞いた。

――クリーニング店で働く二〇代の女性に対するストーカー事案が、最初に霧島署に申告された昨年の二月二〇日に、「苦情・相談等事案処理票」が作成されていたというのは事実ですか?

A氏　事実です。この日で見ましたから。

――見たというと?

A氏　その日は、別の警察署の現職警官から副署長にストーカー事案の報告があり、その件についてだったと思いますが、署長、副署長、警務課長の三人が署長室で話し合っていました。直後に警務課に対し、課長から「当該事案の訴えがあった場合は、直接私に回すように」という指示があり、実際に被害相談に来た女性と警務課長が会っています。それからすぐだったはずですが、処理票のデータが作成されていたんです。処理票にストーカーとして名指しされていたのが、警務課長の下にいる警務課の職員だったことに驚いたことを覚えています。「えっ」という感じでしたから。前後の流れからいって、処理票の作成者は被害者の話を直接聞いた課長しか考えられません。

――その処理票はどうなりましたか?　これまでの報道では、「なかった」ということになっていますし、県警は「監察事案や被害届を受理した場合などは作らないから、そもそも作成されていない」と説明してきました。

――一体何があったのでしょうか?

A氏　処理票はプリントアウトされて課長や署長の決裁が行われるのですが、当日は時間が遅かったため、翌朝の決裁になったのです。ところが、翌朝になって、処理票のデータが消されていたんです。

――その時は、データが消された理由について誰かに確認されましたか？
A氏　いいえ。何らかの理由で削除しただけだと思い、そのままになりました。いまになって思えば、その時点でストーカーではないと一方的に判断され、あえて記録を残さなかったということではないかと……。
――本当にデータが消されたんですね？
A氏　間違いありません。
――隠ぺいが図られたということですね。
A氏　そうとられてもおかしくないですし、実際、去年の一〇月に南日本新聞が、県警が本件を書類送検しながら公表していなかったことを報じましたから、「やっぱりな」と感じました。

前述したように、これまで県警は事件認知日である二月二〇日の処理票がなかったことについて、「一般論として、監察事案や被害届を受理した場合などは作らない」と説明してきた。しかし、「二月二〇日」の段階では監察事案になっておらず、被害届も出されていない。つまり、相談があったのが事実なら、逆に処理票がなければならないのだ。今回の新証言は、「一般論として、監察事案や被害届を受理した場合などは作らない」という県警側の主張を根底から覆すものといえる。

問題の二月二〇日の処理票のデータが、翌日になって消されていたというのなら、その段階から事件のもみ消しを図っていたともとれる。「なかったこと」にするつもりだったということだろう。理由は一つしかない。霧島署から犯罪者をだせば、幹部の責任が問われるからだ。警察幹部が、保身のために被害者を見捨てたというわけだ。

では、どの段階で「本部指揮」になったのか――。

一向に動かない霧島署の対応に不信感を抱いた被害女性は、三月一〇日、一四日と続けて県警本部に苦情申し立てを行っていた。その際の「苦情・相談等事案処理票」が残っていることは確認できている。

このあと女性は、四月二〇日に「告訴状」と題する文書を本部に送付。この告訴状送付を受けての県警側対応が、野川本部長の決裁印が押された前掲の「苦情・相談等事案処理票」となる。ただし、ここまでの間に、二月二〇日に作成された霧島署の処理票データは消されていたということだ。

処理票データを消して犯罪事実を隠そうとしていた霧島署は、いきなり本部指揮になったことで慌てたことだろう。このあと、霧島署は処理票データ削除に続いて次の隠蔽工作に手を染めることになる。

霧島署員ストーカー事件2
消えた防犯カメラ映像（2024・7・18）

二〇二三年二月に鹿児島県霧島市で起きたクリーニング店で働く二〇代の女性に対するストーカー事件。鹿児島県警霧島警察署は女性から相談を受けた別の署の警部補（現在は退職。本稿では「警部補」）から報告を受け、さらには女性からの被害申告にも応じておきながら、いったん作成した「苦情・相談等事案処理票」のデータを削除していた。署員の犯罪行為に蓋をしようという魂胆だったとみられるが、同署の対応に不信感を抱いた女性が県警本部に苦情を申し立てたことで、次の工作に手を染めざるを得なくなる。重要証拠の隠滅だ。

あるはずの防犯カメラ映像が……

昨年二月二〇日に女性の被害相談を受け、アドバイスをしていた別の署の警部補は同月二三日、女性が勤務するクリーニング店がある商業施設の駐車場に、ストーカー行為を行っていた警官が車で入ってくるのを偶然目撃。クリーニング店の前を通過したあと、そのまま駐車場を出ていくまでを現認していた。警部補は、犯人を目撃したことを女性に伝え、身辺に注意するよう助言していた。

次頁の写真①が、女性が務めていたクリーニング店（今年になって閉店）。犯人の車はこの店舗の前を通過していた。実は、この店舗が入っていた建物の端には防犯カメラがある（写真②）。クリーニング店の前を通過していれば、犯人の車は確実に防犯カメラに写っていたはずだ。警部補は女性に注意を促し、霧島署による捜査の進展を待った。しかし、同署に動きはなく、被害女性にとっては恐怖の時間が継続する状況となっていた。

捜査に進展がなかったことから、被害女性は三月一五日、霧島署に出向き防犯カメラの確認を含め霧島署としての善処を強く求めた。ところが、副署長と警務課長は、それまで「（犯人の）警察官は、（クリーニング店がある商業施設の）敷地内にあるダイソーに買い物に行っていた」としていた説明を一転させる。「二月二〇日から三月三日までの防犯カメラの記録には映っていなかった」――。あり得ない言い訳と曖昧な態度に立腹した女性は、怒りを露わにして席を立ったという。

記者も現場に行き確認したが、犯人の車両が複合商業施設に入ってくるルートに防犯カメラの死角はない。映らないはずがないのだ。

何が起きていたかは瞭然。犯行が行われていたと推定でき

クリーニング店が入っていた店舗

防犯カメラ

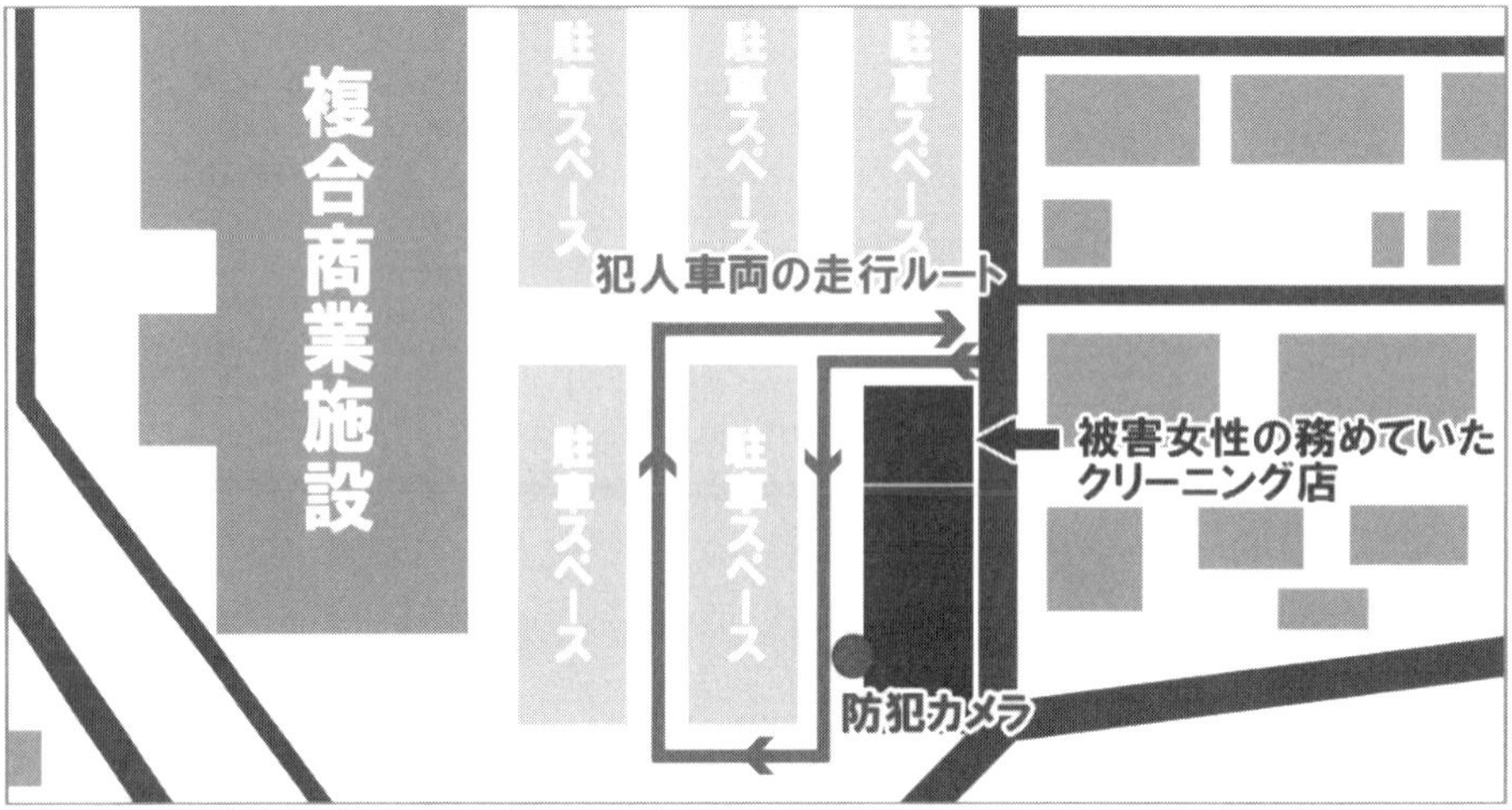

犯人車両の走行ルート

る時期の防犯カメラのデータだけが削除されたか、〝映っていない〟ことにされたかのどちらかだ。この段階で、ストーカーとしての犯行を裏付ける具体的な証拠が闇に葬られたとすれば、事件化を阻止するための隠ぺい工作だったと言わざるを得ない。その後の展開からすると、やはり問題の防犯カメラデータは抹消されたと考えるべきだろう。証拠の捏造や隠ぺいは、鹿児島県警の常套手段だ。

紆余曲折の事件経過

ストーカー事件の存在をないものにするため、「苦情・相談処理票」のデータを消去するという〝もみ消し工作〟、次いで実行された具体的な証拠となる防犯カメラ映像の〝隠ぺい〟――。不正に走った霧島署と歩調を合わせるように、県警本部の捜査も停滞し、ようやく実況見分に踏み切ったのは事件発覚から五カ月以上経ってからのことだった。初めから立件する意思のない捜査である以上、送検されても「不起訴」となるのは当然。紆余曲折の事件経過をみれば、二転三転した説明やデタラメな対応から、いかに不当な捜査だったかが分かる。

鹿児島地検が不起訴処分を決めたのは、事件発生から一年も経ってからだった。その間、被害女性は何度も県警に説明を求めたり苦情を申し立てたりしていた。もちろん、犯人が近くにいるという恐怖からだ。霧島署に残されているべき「苦情・相談等事案処理票」がなかったことも、防犯カメラ映像が消え失せていることも指摘されていたはずだが、県警や検察は一顧だにしなかった。

ストーカー被害を示す具体的な証拠が隠ぺい工作によって葬り去られていたにしろ、検察が被害者と参考人の聴取を行ってから不起訴処分を決めるまでの時間はわずか一週間。捜査を尽くしたとは言えまい。警察・検察が一体となって、警察官の犯罪行為を隠ぺいした格好だ。新型コロナウイルスの療養施設において起きた「警察一家」絡みの強制性交事件で、警察の不当捜査が疑われていたにもかかわらず、検察があっさり不起訴にしたケースと構図が重なる。

クリーニング店に勤めていた被害女性は、犯人が不起訴になったことでその後も恐怖の毎日を送ることになった。しかし、今日に至るまで警察からは何の説明も謝罪もないという。〝不起訴だから説明の必要はない〟とでも判断しているようだが、書類送検の事実を隠していたことは事実。しかも、不起訴にするため、霧島署が証拠の隠滅を図っていたとすれば言語道断の所業である。

ところで、当該事案のもみ消しや隠ぺいに関わったと考えられるのは、当時の霧島署長で現在は県警本部生活安全部長の南茂昭氏、同署の警務課、県警本部の人身・安全少年課、

2023年 1月～2月	● 霧島市内にある商業施設内に店舗を構えていたクリーニング店勤務の20代女性が、特定の人物による付きまといや待ち伏せに気付く。
2月19日	● クリーニング店を訪れた鹿児島県警霧島署の巡査部長Xが、無理やり名刺を女性に渡し、趣味や仕事のシフト、出身地などの個人情報を聞き出す。
	● 怖くなった女性は、住まいを突き止められないよう、いったん他県にある実家に帰宅。
	● 女性が、たまたま客として来店した他の警察署の警部補A氏に、ストーカー行為について相談。
同月20日	● A氏が、霧島署の副署長と警務課長にストーカー事案を申告。
	● 警務課長は課内に「相談が来たら自分に回せ」と指示。
	● 同日夕、女性が警務課長に被害相談。警務課長は結果をすぐに連絡すると明言。
	● 警務課員B氏が女性の件で作成された「苦情・相談等事案処理票」のデータを確認。
同月21日	● 警務課員B氏が、女性の件で作成された苦情・相談等事案処理票のデータがシステム上から消去されたことに気付く。
同月23日	● A氏がクリーニング店を出たところで、Xが車に乗って商業施設の駐車場に入ってくるのを現認。
同月27日 ～29日	● 女性が何の連絡もしてこない霧島署に苦情申し立て。
	● 警務課長は「会議で連絡が遅れた。Xは名刺を渡したことを認めている。（女性から）好意を持たれていると勘違いした。23日はダイソーに買い物に行った」と説明。
3月10日	● その後の連絡が途絶えたことから、女性が県警本部に霧島署の不適切対応について苦情及び抗議。

クリーニング店勤務女性への警官ストーカー事件の経緯①

同月14日	● 県警本部に再度抗議。
5月初旬	● 県警本部の総務課補佐が女性に面会を要求。事件は「調査中」と説明。
5月17日	● 女性が県警本部に書面による回答を要請。
6月14日	● 県警本部の人身安全・少年課がA氏に事情聴取。同課から「防犯カメラを調べたが、2月23日の該当する時間帯だけ記録がない」との説明を受ける。
6月17日	● 女性から苦情を申し立てられていた県公安委員会が、女性に文書で回答。その中で“霧島署の対応は思慮を欠く”としながら、“2月23日から3月3日までの間、当該署員が、勤務先及び直近の駐車場に接近した具体的な証拠は認められませんでした”と明記。
7月～8月	● 本部捜査員による被害者実況見分、被害者供述書作成、A氏の実況見分、参考人供述調書作成。
9月7日	● 個人情報開示請求によって霧島署の「苦情・相談等事案処理票」が存在しないことが判明。
10月2日	● 県警がXをストーカー規制法違反容疑で書類送検。
10月26日	● 南日本新聞が《50代男性警官、20代女性をストーカー容疑　告訴され書類送検　所属署への相談文書「存在せず」 警官はつきまとい否認　鹿児島県警》という見出しで一連の出来事を報道。県警の隠蔽姿勢が表面化。
2024年 1月17日	● 鹿児島地検が被害者・参考人聴取。
同月25日	● 地検が不起訴処分を決定

クリーニング店勤務女性への警官ストーカー事件の経緯②

そして野川明輝本部長だ。本田尚志元生活安全部長が北海道のジャーナリスト・小笠原淳氏に送ったとされる内部告発文書に記されていた霧島署員によるストーカー事件二件ともほぼ同じ構図、同じ登場人物である。これが何を意味するのか――。

霧島署員ストーカー事件3
頻発した「隠ぺい」の背景（2024・7・19）

二〇二三年二月に鹿児島県霧島市で起きたクリーニング店で働く二〇代の女性に対するストーカー事件。霧島署は女性から助けを求められた別の署の警部補から事案の申告を、さらには女性本人からも被害相談を受けながら、「苦情・相談等事案処理票」のデータを消去したり、犯人が映っているはずの防犯カメラ映像を隠滅するという手口で、事実上の事件もみ消しを図っていた。昨年一〇月に南日本新聞が事件の概要を報道していなければ、真相が闇に葬られていた可能性が高い。

　これまで報じてきた通り、主体的にもみ消しや隠ぺいに関わったと考えられるのは、当時の霧島署長で現在は県警本部生活安全部長の南茂昭氏と野川明輝本部長。霧島署員によるストーカー事案のもみ消し・隠ぺいは、本田尚志元生活安全部長が北海道のジャーナリスト・小笠原淳氏に送ったとされる内部告発文書に記されていたものとほぼ同じ構図、同じ登場人物だ。本田氏は、内部告発文書に「署員によるストーカー事案二件」と記述している。

元生活安全部長による内部告発との関係

　本田元部長が小笠原氏に送った告発文書の二枚目には、「鹿児島県警の闇」として、次の四つの問題点が記されている。

鹿児島県警の闇
一　霧島署員による警察の保有する情報を悪用したストーカー事案
二　枕崎署員による盗撮事案の隠蔽
三　警視による超過勤務詐取事案の隠蔽
四　署員によるストーカー事案二件を発生させた霧島署長、南茂明警視（＊原文ママ。実際は「茂昭」）の警視正昇任とストーカー取締部署である生活安全部長着任

　本田氏は上記の四で、「署員によるストーカー事案二件」としており、一件が被害女性の意向で事件化しなかったという「巡回連絡簿」を悪用した霧島署員のストーカー事件だ。

そしてもう一件が、この間報じてきた、警察による証拠隠滅が疑われるクリーニング店勤務女性へのストーカー事件である。

このうち、告発文一件目記載のストーカー事案については、「本県警察官によるストーカー容疑事案を認知し、捜査を開始したが、被害者が事件の立件を望まず、捜査を終結した」とある。本当だろうか？

それがどのような「事件」だったのか、小笠原氏による記事（六月七日配信）の該当部分を再掲しておく。

同署地域課に所属し、ある駐在所に勤務していた三〇歳代の男性巡査長（当時）が、業務を通じて不正に取得した個人情報をもとに悪質なストーカー行為を行なっていたという。

同巡査長は一昨年四月、パトロール中に立ち寄った事業所で一般の二〇歳代女性と知り合う。当初は月に一回程度の巡回の際に世間話をする程度の関係だったが、およそ一年を経た昨年四月ごろから、二人は個人的にＬＩＮＥのやり取りをする間柄となった。巡査長が駐在所の巡回連絡簿から女性の個人情報を不正入手し、携帯電話番号にメッセージを送信したのがきっかけだったとされる。

同女性に頻繁にＬＩＮＥを送るようになった巡査長は、仕事の休みを聞き出したり「抱いていい？」などと不適切なメールを送信したりする言動に及び始めた。女性は努めて当たり障りのないメッセージを返していたが、その後も食事の誘いやラブホテルなどについて尋ねるメールが送られてくるようになったため、昨年暮れになって交際相手に被害を相談することにした。この「交際相手」が加害者の同業者、つまり警察官だったことで、事件は県警の知るところとなる。本部人身安全・少年課の調べに対し、巡査長は「若くて好みのタイプだったので男女の関係になりたかった」などと供述、不適切な言動があったことを認めるに到った。

被害女性の自宅や勤務先が駐在所の近くにあることから、所轄署は巡査長を駐在所勤務から外し、署内で勤務させる措置をとる。事件の調べにあたった本部は、上の供述やメッセージの記録などから、巡査長の行為がストーカー規制法に抵触する可能性を確認、年が明けて本年一月に捜査員三人が被害女性宅を訪ね、女性と両親に謝罪した上で捜査状況などを説明していた。

この訪問からさほど時間を経ていない二月上旬、捜査は唐突に終了する。被害女性が事件化を望まない意向を示したためだ。女性の本意は定かでないが、県警にとっては好都合な結論だったと言ってよい。立件されない以上は報道発表の必要がなく、事実を隠蔽し続けることができるためだ。実際、今に到るまで一切の経緯が公表されていない。ただし、巡回連絡簿が犯罪に使われたという事実は極めて重く、県警はその点だけでも公表して謝罪するべきだろう。

最終的に、被害女性が「事件化を望まなかった」という理由で捜査を終結したことになっているが、本田氏の告発文書の記述内容を詳細に検討すれば、通常ではあり得ない経緯が存在していたことが分かる。

《行為者のメッセージ内容に嫌悪感を示すとともに、被害者の連絡先の入手方法を危惧し、「今後同様の被害者を生まないためにも、刑事手続きや行政手続きができるのであれば、その対応をとってもらいたい」旨申し立てた》（告発文書より）。——これが被害者の当初の意向だ。しかも、捜査過程で、「巡回連絡簿」という警察への信頼の上に作成されたデータが悪用されたことまで判明している。では、なぜ事件化されなかったのか——。本田氏の告発文書に、その謎を解く鍵となる記述があった。

それによると捜査の結果、ストーカー事件であることを確認した県警は、なぜか即座に立件せず、被害者側への「説得」に動く。以下、本田氏の告発文の記述。

（7）被害者及び両親への説明

被害者への説明にあたっては、同人の意向を伺い、両親も同席することとなり、令和六年一月二九日、霧島警察署で、行為者の上司である同署地域課長、被害者担当である同署生活安全課人身安全・少年係員、行為者の取調官である生活安全部人身安全・少年課人身安全一係員の三名が説明を実施した。

被害者及び両親に謝罪した上で、捜査状況や違反態様、行為者に対する措置等を説明した。被害者は、事件化について、いったん保留し家族協議して決定する意向を示した。

通常、警察が被害者にここまで丁寧な対応を行うのは稀だという。これは、「捜査状況や違反態様、行為者に対する措置等」の説明というより、事件化を望まないように誘導したと見るべきだ。その結果、次の記述につながる。

（8）被害者の意向確認

令和六年二月一日、霧島警察署において、前記被害者

担当官及び行為者取調官の二名が被害者の最終的な意向確認をした結果、同人は、両親と話し合った結果として、

・県警本部員が行為者を厳しく取り調べたと聞いていること

・異動したり何らかの処分を受けると教えてもらったこと

・これ以上行為者と関わり合いたくないこと

・一一〇番ステムの登録もしてもらっていること

を理由として、事件化を求めない意向を示した。また、被害者は、法警告や禁止命令といった行政措置についても求めない意向を示した。

当初、「刑事手続きや行政手続きができるのであれば、その対応をとってもらいたい」として強い処罰感情を持っていた被害女性が、県警側の説得を受けて一転、「法警告や禁止命令といった行政措置についても求めない意向を示した」となる。しかも、県民と警察との信頼の上に作成された巡回連絡簿を悪用した犯罪だというのに、被害女性が立件を望まなかったという理由から、軽い処分で済まされた可能性がある。被害者をうまく丸め込んだ、事実上の事件隠ぺいだったという見立てが成り立つ。

隠蔽の背景

ここで今回のシリーズで報じてきた「もう一つの霧島署員ストーカー事件」を振り返ってみる。

昨年一月に霧島市で起きたクリーニング店で働く二〇代の女性に対する霧島署員のストーカー事件では、いったん作成された「苦情・相談等事案処理票」のデータが消去され、犯行の具体的な証拠となる防犯カメラの映像も「ない」ということにされている。本部指揮になったあとも捜査は進展せず、事案発覚から一年も経って、事実上の事件もみ消しによる「不起訴」が決まる。つまり、霧島署員による二つのストーカー事件は、新聞報道や本田氏の内部告発がなければ表面化することなく、闇に葬られていた可能性が高いということだ。

クリーニング店で働く二〇代の女性に対する霧島署員のストーカー事件の認知は昨年一月で、不起訴の結論が出たのは今年一月末頃。一方、事件化が見送られたストーカー事案は昨年の五月頃に発生し、一二月に認知されている。この件では、県警本部人身安全・少年課と霧島署の担当など三人がかりで女性側を「説得」した結果、「本部長指揮を受けて」（本田氏の告発文より）、今年二月六日に事件化が見送られる。

野川輝明本部長 ― 南茂昭霧島署長体制の下で起きた二件の警察官ストーカー事件は、昨年一二月から今年一月にかけ

ての時期が重なっており、同署と本部が、あってはならない警察官不祥事を抱え込んでいたことが分かる。そして二件とも、手口こそ違え、組織的に隠ぺいされた疑いが濃い。隠ぺいの背景にあったのは、警官不祥事の頻発だ。野川氏が本部長に就任したのは二〇二二年一〇月。それ以後、県警を巡る不祥事が続出していた。上に主な出来事をまとめたが、腐敗組織がもみ消しや隠ぺいに走った理由が見えてくる。

3月8日	● 立憲民主党の塩村あやか参院議員が県医師会の男性職員による強制性交事件について国会質問。	鹿児島県警の不当捜査が表面化
3月10日	● 鹿児島県警本部が霧島署巡査部長によるストーカー事案を認知。	複数の元警官が証拠隠滅などのもみ消し工作を証言。報道で事件発覚
3月14日	● 大麻を譲り受けた疑いで宮崎県警が鹿児島中央署の巡査を逮捕。	
5月	● 鹿児島県警が虚偽の捜査資料を作成した巡査部長を書類送検。	
6月	● 県警が県医師会男性職員による強制性交事件を告訴状受理から1年半もかけて送検	不当捜査の末に「不起訴」
10月	● 県警が本部留置管理課の男性巡査長を、13歳未満の少女に対する淫行があったとして逮捕。	未公表も報道で発覚 県警は会見拒否
12月	● 枕崎市内の公園で、枕崎署巡査部長による盗撮事案が発生。	本田氏の内部告発で隠蔽バレて立件
同月	● 県警本部が、霧島署巡査長によるストーカー事案を認知。	本田氏の内部告発で表面化

2023年の鹿児島県警の不祥事

　野川本部長の就任後、「警察一家」が批判される事案が頻繁に起きていたことに驚きを禁じ得ない。当然ながら野川氏の管理・監督責任が問われることになるが、もみ消しや隠ぺいが成功していれば、同氏のキャリアに傷がつくことはなかったろう。

　強制性交事件の不当捜査、霧島署員による二件のストーカー事件、枕崎署員の盗撮、一三歳未満の少女に対する淫行事件――。いずれも報道や内部告発によって表面化しており、隠ぺいが失敗に終わった形だ。野川氏がどう責任逃れをしようと、警察庁がキャリアを庇おうと、真実は一つ。元巡査長や本田氏の内部通報がなかったら、強制性交事件に光があたることもなかったし、二件のストーカー事件の真相が明かされることもなかった。枕崎の盗撮も、うやむやにされていたのは確かだ。組織の闇を暴こうとした二人の警察官が、逮捕されるいわれはあるまい。

　勾留開示請求の法廷で本田元生活安全部長は、「不都合な真実を隠ぺいしようとする県警の姿勢に失望した」と訴えた。警官による非違事件は、「本部長指揮」が決まり。隠ぺいの指示が出せるのは本部長だけだ。野川氏が間違った選択をした理由は、自分の保身――つまり鹿児島県警本部長に就任して以来、次々に発覚する警官不祥事によって自らのキャリアに傷がつくのを避けたかったからだとしか思えない。

　霧島市のクリーニング店で働いていた二〇代の女性は、卑劣な犯人が不当な捜査によって不起訴になったため、いまも恐怖に震える毎日が続いている。

霧島署員ストーカー事件4
被害女性との一問一答（2024・7・24）

警察組織によるもみ消しや証拠隠滅の疑いが出ている、二〇二三年二月に鹿児島県霧島市で起きたクリーニング店で働く二〇代の女性に対するストーカー事件。事件捜査の初動を担うはずだった霧島署は、野川明輝本部長指揮下の県警本部と連携し、「苦情・相談等事案処理票」のデータを消去したり、犯人が映っているはずの防犯カメラ映像を隠滅するという手口で、事実上の事件もみ消しを図っていた。

一年半近く被害を訴えてきた女性（以下、「Aさん」）は二一日、県警への不信感と、いまだに続く犯人への恐怖について涙まじりにハンターの取材に応えた。

県議会前日、県警本部から突然の電話

――一九日に県議会の総務警察委員会が開かれ、改めて霧島署員によるストーカー事件のことが取り上げられました。前日に何かあったと聞きましたが？

Aさん　一八日に突然、県警人身安全・少年課の捜査員から連絡がありました。「明日、県議会の委員会に野川本部長が出席しますが、あなたの事件について質問が出るかもしれません。事件のことを答弁してもいいですか」というような内容でした。

――これまで、事件のことについて県警からの連絡は何回くらいあったのでしょうか？

Aさん　私は、事件のことについて何の説明も謝罪も受けていません。何度も求めてきましたが、ずっと黙殺されてきました。

――県警には何と答えたのですか？

Aさん　隠すことは何もないですから、話してもらって結構ですよと答えました。ただし、本当のことを話してくださいい、と。実際のところ、「そんなことは止めて下さい」と言わせたかったのではないでしょうか。そんな気がしました。そのあと、総務課からも電話がありましたから。

――県警の総務課からですか？

Aさん　はい、県警の総務課から、同じ内容の電話でした。呆れて話すこともありませんでした。

事件発生当時の状況

——嫌なことを思い出させて申し訳ありませんが、霧島署への相談初日、つまり昨年の二月一九日前後の経過を改めておうかがいします。よろしいですか？

Aさん　二度とこんな事件が起きないよう、できるだけのご協力をしなければいけないと思っています。結構ですよ。

——犯人のことを認識したのはいつでしたか？

Aさん　じつは、職場の先輩から「注意した方がいい人がいる」と教えられていました。で、二月一九日の前の段階で、私の車のそばに不自然に駐車している車があって、なにか見られているなと感じていました。あ、この人がそうなんだとわかったのは、一九日にその男性が、霧島署の巡査部長の名刺を押し付けてきた時でした。

——どのようなやり取りでしたか？

Aさん　私の勤務シフトや出身地、付き合っている人はいるかなど、個人情報をしつこく聞かれ、携帯の電話番号を手書きした名刺を押し付けられました。もちろん、受け取りませんと断ったのですが、無理やり押し付けられました。受け取りたくなかったのですが、ちょうどお客様方が帰宅される頃で、一番忙しくなる時間帯。男性の後ろには別のお客様が並んでいましたから、名刺を受け取るしかなかったんです。ようやく帰るまでは、ずいぶん長い時間に思えました。私は、これ嘘だったんですけど、彼氏がいて週末はいつも一緒に出掛けてると言ったんです。付きまといをあきらめてくれると思ってそう言ったんですが、まったく効果なく、お構いなしにいろんなことを聞いてきました。

——その日は、県外の実家に帰ったそうですね。

Aさん　とにかく怖かったんです。自分が住んでいるところを知られるのではないかという恐怖。頭の中がおかしくなりそうでした。

警察に絶望し苦しんできた日々

——翌日には別の署の警察官に相談して、Aさん自身が霧島署に被害相談に行かれてます。その経緯と、霧島署でAさんに応対したのは誰でしたか？

Aさん　はい、よく来店されるお客様がいらして、警察官の制服をクリーニングに出されていたので、思い切って話しました。霧島署の人だと思い込んでいたので、名刺を返してもらおうと考えたのですが、別の署の方だというのは後日知りました。すぐ相談に行くようにという連絡があったので、二月二〇日に霧島署に出向いたのです。応対したのは警務課長の〇〇〇さんです。

――どのような対応でしたか?

Aさん　一通り話を聞いて、「調べて連絡します」ということでした。霧島署の巡査部長から押し付けられた名刺は、その時に警務課長に返しています。気持ち悪かったのでコピーも取っていません。そのあと、霧島署には、その巡査部長が二三日にクリーニング店のある商業施設に来ていたことも伝えています。

――それから、事態はどう動きましたか?

Aさん　何の連絡もないので電話すると、「会議で忙しかった。名刺を渡したことは認めているが、二三日は、クリーニング店がある商業施設内のダイソーに行っただけだと話している」という回答でした。えっ、その程度の話?と驚きました。

――そこで本部に苦情を申し立てた?

Aさん　そうです。もう県警本部しか頼れない状況でしたから。最初に相談に乗ってもらった警察官の方からアドバイスをもらって、それ以降、何度も本部に相談しました。

――しかし、事態は動かなかった?

Aさん　あとはハンターで記事にされた通りです。ただ、改めて申し上げておきたいのは、県警本部の総務課とは何十回も話しましたが、その時の記録も一切残っていないということ。そして、霧島署の初期対応が二転三転する際、私が嘘をついていると言わんばかりの、バカにした態度をとられたことは、どうしても話しておきたいと思っていました。絶対に許せません。

――ところで、Aさんは、県警の杜撰な事件対応について県の公安委員会に苦情を申し立てられ、回答をもらっておられます。回答の中に、〝防犯カメラなどの関係資料を精査しましたが、二月二〇日から少なくとも三月三日までの間、当該署員が、勤務先及びその直近の駐車場に接近した客観的な証拠は認められませんでした〟という記述がありました。

一方、一九日の県議会では、一八、一九日の防犯カメラ映像には問題の巡査部長の車が映っており、静止画として残したが、あとの画像は消去した旨を答弁しています。ハンターでは証拠画像を隠滅したと報じていたのですが、Aさんは、どうみますか?

Aさん　私に名刺を渡した日と、その前日の映像は残っているということですよね。そんな説明は、これまで一度だって聞かされていません。私に対しては、県の公安委員会が、正式文書の中で「防犯カメラなどの関係資料を精査しましたが、二月二〇日から少なくとも三月三日までの間、当該署員が、勤務先及びその直近の駐車場に接近した客観的な証拠は認められませんでした」と通知してきています。一八日と一九日の静止画のことを私に知られると、具体的な証拠だとして騒がれると思ったんじゃないでしょうか。事実の隠ぺいですよね。そもそも、警察は最初、二月二三日に犯人がダイソーに行ったと認めていたのに、あとになって「行っていなかった」と言い出しました。どれもこれも支離滅裂。証拠隠滅は明らかです。ずいぶん、姑息なことをやっていたんだと呆れています。警察署も県警本部も信じられないとなると、どこを頼ればいいのでしょうか？　私は、本当のことを知りたいし、犯人を改めて罰してほしいと訴えたいです。

——検察は不起訴にしましたが、検事調べの様子を覚えていますか？

Aさん　女性の検事さんでしたが、事情を聞かれたのはほんの一時間程度。私の話を、「はい、はい」という軽い感じで聞いていました。防犯カメラの映像が消されるなど、具体的な証拠がなくなっていたわけですから、事件ではないと思い込んでいたんではないでしょうか。私の話を真剣に聞いていなかったのは確かでしたから。検察官は、二月一八日と一九日の防犯カメラ映像に、犯人の車なり人物なりが映っていたことを知っていたのでしょうか？　ぜひ、確認してもらいたいと思います。

——鹿児島県警に言いたいことは？

Aさん　事件からずっと、友達と会う、親と会う、買い物に行くといった普通の暮らしができませんでした。気が休まる時間がなかった。何一つ解決せず、毎日恐怖を抱えて生きていくのがつらかった。お風呂に入るにも、鍵をかけたどうか何度も確認するほどだったんです。警察は助けてくれないという絶望感から、死にたいと思ったこともありました。そんなことがずっと続いてきたんです。これを機に、ぜひ真相を明らかにしてほしいと願っていますが、県警はまず、映像が残っていたことを含めて、これまでの事を謝罪すべきではないでしょうか。

判明した証拠隠滅の手口

次頁は、記者とAさんとのやり取りの中に出てくる、苦情申し立てに対する鹿児島県公安委員会の結果通知である。

《二月二〇日から少なくとも三月三日までの間、当該署員が、勤務先及びその直近の駐車場に接近した客観的な証拠は認められませんでした》とある。防犯カメラ映像の確認開始日を「二月二〇日」にしたのは、明らかなごまかし。それ以

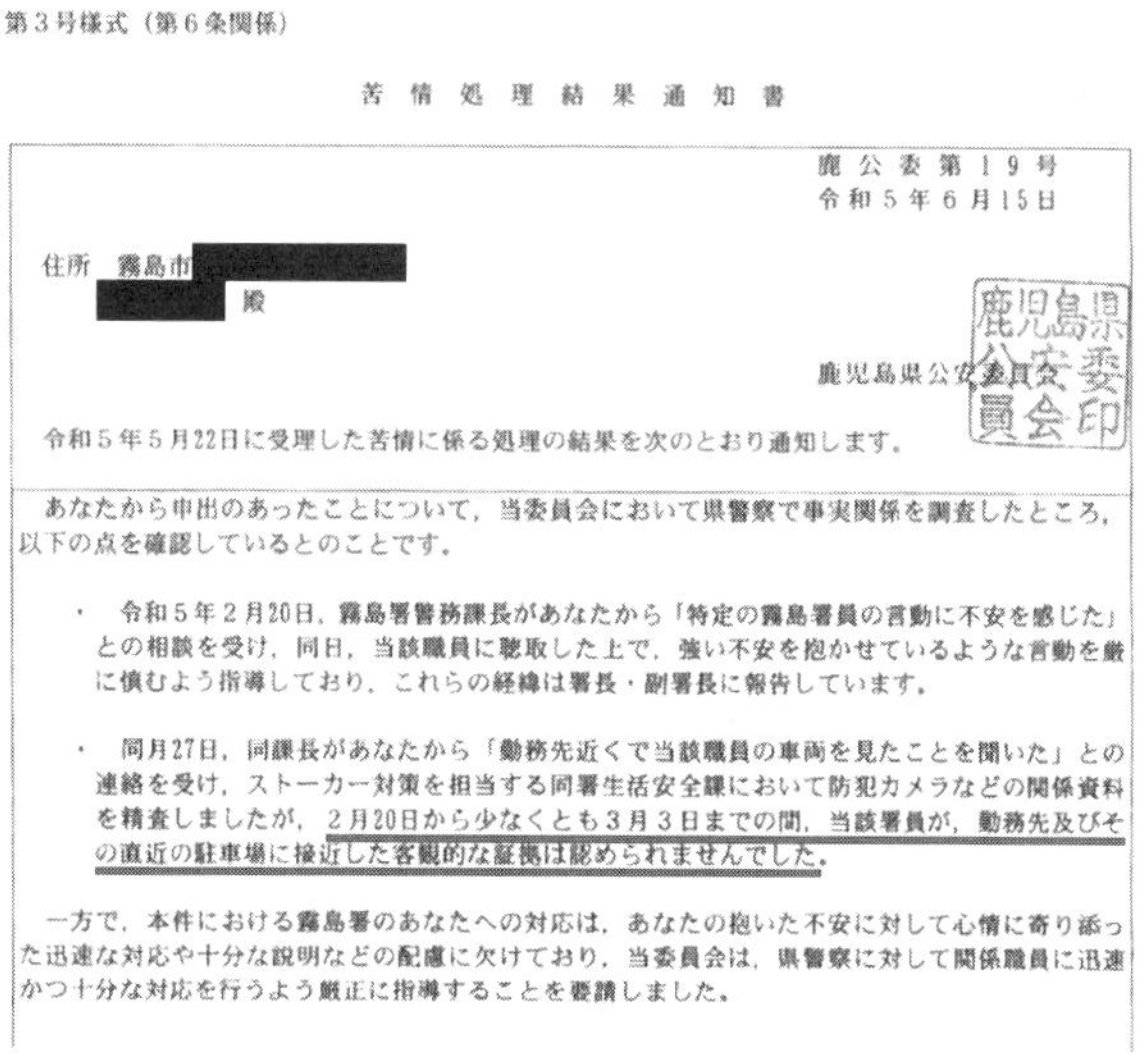

第3号様式（第6条関係）

苦情処理結果通知書

鹿公委第19号
令和5年6月15日

住所　霧島市[redacted]
[redacted]殿

鹿児島県公安委員会
鹿児島県公安委員会印

令和5年5月22日に受理した苦情に係る処理の結果を次のとおり通知します。

あなたから申出のあったことについて，当委員会において県警察で事実関係を調査したところ，以下の点を確認しているとのことです。

・　令和5年2月20日，霧島署警務課長があなたから「特定の霧島署員の言動に不安を感じた」との相談を受け，同日，当該職員に聴取した上で，強い不安を抱かせているような言動を厳に慎むよう指導しており，これらの経緯は署長・副署長に報告しています。

・　同月27日，同課長があなたから「勤務先近くで当該職員の車両を見たことを聞いた」との連絡を受け，ストーカー対策を担当する同署生活安全課において防犯カメラなどの関係資料を精査しましたが，2月20日から少なくとも3月3日までの間，当該署員が，勤務先及びその直近の駐車場に接近した客観的な証拠は認められませんでした。

一方で，本件における霧島署のあなたへの対応は，あなたの抱いた不安に対して心情に寄り添った迅速な対応や十分な説明などの配慮に欠けており，当委員会は，県警察に対して関係職員に迅速かつ十分な対応を行うよう厳正に指導することを要請しました。

クリーニング店勤務女性の苦情申し立てに対する県公安委員会の通知

前からの映像――とりわけ巡査部長が被害女性に名刺を押し付けた「二月一九日」とその前日の「二月一八日」の映像のことに触れていないのは、県警が意図的にストーカーの証拠を隠滅した証左だろう。県警の虚偽を見抜けなかった公安委員会は、無能と言われても文句は言えまい。

公安委員会は《県警察に対して関係職員に迅速かつ十分な対応を行うよう厳正に指導することを要請》したとあるが、県警が《迅速かつ十分》な対応をとったのは、事件隠ぺいのための措置だった。

「警察一家」最優先、女性は守らぬ鹿児島県警（2024・7・30）

「警察一家」擁護のための証拠隠滅、もみ消し、隠ぺい、果ては処分偽装と鹿児島県警の闇は底なしの状況だが、そうした不正によって被害を受けたのは女性ばかりだ。特に、野川明輝本部長が着任した二〇二一年一〇月以降、事件そのものの存在を隠したり事件化を阻んだりして表面化を避けたケースが急増している。警察官の非違事案はすべて「本部長指揮」。隠ぺい指示を行ったとみられる野川本部長と県警組織には、女性の命や人権を守ろうという意識が欠如している。

次頁は、鹿児島県警の不正な対応が明らかとなっている事案をまとめた表だ。二〇二二年一月から昨年一二月までに五件。被害者はすべて女性である。

鹿児島県医師会の男性職員による強制性交事件

二〇二一年秋に発生した鹿児島県医師会の男性職員による強制性交事件（※刑法改正によって強制性交が不同意性交等に変更される前の事件だったため）を巡っては、翌年一

2022年1月	・強制性交事件の告訴状提出を門前払い。	・もみ消しと不当捜査
2023年2月	・霧島市内のクリーニング店女性へのストーカー事件発生。	・もみ消しと証拠隠滅
〃　10月	・13歳未満の少女に対する強制性交の疑いで巡査長を逮捕。	・報道で発覚するも会見拒否
〃　12月	・枕崎市内で警察官の盗撮事件発生。	・隠ぺいするも公益通報受け立件
〃　12月	・巡回連絡簿使った霧島署員によるストーカー事件発生。	・隠ぺいするも公益通報で発覚

2022年1月から2023年12月までの鹿児島県警の不正な対応

月に告訴状を提出しようと鹿児島中央署に出向いた被害女性を門前払い。弁護士の抗議を受けて告訴状を受理したものの、一〇カ月も放置し、国会で問題を指摘されて渋々送検した。不当捜査の末の送検だったことから、当然ながら「不起訴」。しかし、被疑者である男性職員の父親が少なくとも二〇二一年の三月まで中央署に勤務していた警部補で、告訴状提出を見越した親子が二・年一二月頃に同署を訪問し、事件化を防ぐ工作を行っていたことが分かっている。

「警察一家」擁護に走った県警を厳しく批判してしてきたハンターが、不当捜査の証拠として取材過程で入手した「告訴・告発事件処理簿一覧表」の一部を公表する記事を配信したことで、情報漏洩事件に発展したことは周知の通りだ。ハンターも家宅捜索（ガサ入れ）を受けたが、問題の強制性交事件はまだ終わっていない。

クリーニング店の女性に対する霧島署員のストーカー事件

二〇二三年二月、鹿児島県霧島市内のクリーニング店に勤務していた二〇代の女性を恐怖が襲った。女性につきまとっていた霧島署の巡査部長が店を訪れ、勤務シフトや出身地、交際相手などの個人情報をしつこく聞いた上で、自分の電話番号を手書きした名刺を無理やり押し付けたのだ。

霧島署は女性から助けを求められた別の署の警部補から事案の申告を、さらには女性本人からも被害相談を受けながら、「苦情・相談等事案処理票」のデータを消去。さらに、犯人が映っているはずの防犯カメラ映像を隠滅するという手口で事実上の事件もみ消しを図っていた。

一三歳未満の少女に対する強制性交事件

昨年一〇月、県警は本部留置管理課に勤務する現職の男性巡査長を、一三歳未満の少女に対する淫行があったとして強制性交（※刑法改正によって強制性交が不同意性交等に変更される前の犯行だったため）の疑いで逮捕した。逮捕された男は、「俺は警察官だぞ」と脅した上で行為に及んだとされるが、県警はこの事実を伏せて公表。県民の信頼を損なう重大事件であるにもかかわらず、県警はこの件についての記者会見を拒否した。

警察内部の事情に詳しい関係者の話によれば、強制性交の疑いで逮捕された警察官の父親は、事件当時現職の巡査部長。さらには、妹も警察官という典型的な「警察一家」だった。

内部告発が暴いた枕崎署員による盗撮事件

「闇をあばいてください」と、北海道のジャーナリスト・小笠原淳氏のもとに送られてきた内部告発文書の中に記されていたのが、枕崎署の巡査部長による盗撮事件の顛末。隠ぺいの指示があったことを明かす内容だった。

事件が発覚したのは、昨年一二月のこと。現場は枕崎市内にある公園の公衆トイレで、その個室を利用した被害者女性がドア上方にスマートフォンのような物があるのを目撃する。驚いた女性が声を上げてドアを開けたところ、その場にいた盗撮犯とみられる男が走り去り、近くにとめていた白い車に乗って逃走。被害女性の訴えにより同署が付近の防犯カメラを調べたところ、「白い車」が同署の捜査車輌であることがわかり、事件のあった日時に当該車輌を使っていた職員も特定された。

現職警官による盗撮の疑いを把握した枕崎署は、当然ながら容疑者である警察官のスマートフォンを差し押さえるなどの捜査を検討。しかし、これに野川本部長が待ったをかけ「静観しろ」「泳がせろ」などと指示し、隠ぺいを図った疑いが持たれている。

巧妙な隠ぺいが疑われる霧島署員によるストーカー事案

県民の信頼を得て作成されたはずの「巡回連絡簿」を悪用してストーカー行為を行っていたのは、これまた霧島署の巡査長。一昨年四月、パトロール中に立ち寄った事業所で一般の二〇歳代女性と知り合った犯人は、巡回連絡簿から女性の個人情報を不正入手、ＬＩＮＥなどで仕事の休みを聞き出したり、「抱いていい？」などと不適切なメールを送信したりする言動に及ぶ。その後も食事の誘いやラブホテルなどについて尋ねるメールを送信。怖くなった被害女性は実際に交際していた警察官に相談したことで、事件が発覚した。

捜査は尽くされたが、今年二月上旬、捜査は唐突に終了する。被害女性が事件化を望まない意向を示したためだ。というのは一月末、県警は犯人の上司である同署地域課長、被害者担当である同署生活安全課人身安全・少年係員、行為者の取調官である生活安全部人身安全・少年課人身安全一係員の三名が、被害者側に捜査状況や違反態様、行為者に対する措置等を説明するという異例の対応で「説得」。当初強い処罰感情を抱いていたはずの被害女性は、一転して法警告や禁止命令といった行政措置についても求めない意向を示したとされる。形を変えた巧妙な隠ぺい工作が行われた可能性がある。

事件はうやむやにされていたが、本田尚志元生活安全部長の内部告発によって表面化。巡回連絡簿を悪用した犯罪だったことが明るみに出た。

期待できない「再発防止策」

いずれの事件も被害者は女性だ。本来、その人たちに寄り添うのが警察の使命だろう。しかし県警が第一に守ろうとしたのは「警察一家」であり、それによって自分らの経歴に傷が付くのを防いだ県警幹部の「安全・安心」だった。

今月一九日に開かれた県議会総務警察委員会で県警は、強制性交事件での初期対応について「受け渋り」という言葉で門前払いを認めたが、これまで当事者である被害女性には、「受け渋り」についての説明も謝罪もなされていない。

また、霧島ストーカー事件で被害に遭ったクリーニング店の元従業員女性には、犯人や担当課長に「口頭厳重注意」を与えたというが、県警は被害女性に対して、この点についての説明や謝罪を行っていない。県議会であたかも「処分」を下したかのように装ったが、「口頭厳重注意」は結果が公文書化されないもの。ここでも被害者無視の体質が如実に表れている。ブラック組織鹿児島県警に、「反省」という言葉はない。

県警は近く「再発防止策」をまとめ公表するとしているが、出てくるのは間違いなく自分達がやってきた事件のもみ消し、隠ぺい、証拠隠滅の否定を前提としたごまかし策だとみられる。今月一九日の警察総務委員会で県警が主張した、一連の非違事案の「要因」自体が、以下のように自分たちに都合のいい内容だったからだ。

（一）個々の職員が非違事案を起こしてしまう、その一線を超えてしまうということ。職責や倫理感が欠如していた。

（二）情報漏洩が二件発生した。警察組織として個人情報保護に関する認識が不足していた。個人情報の重要性に対する感覚が麻痺していた。

（三）刑事企画課だよりの問題もあったが、幹部が指示をして確認をするというところの基本が徹底できていなかった。枕崎署員の盗撮事件も、本部からの指示がうまく署に伝わっていなかった。本部と警察署との連携という部分にも問題があった。

（一）と（二）は、二件の内部告発を、情報漏洩＝守秘義務違反だと決めつけた県警側の立場でしか事案を捉えていない証拠だ。内部告発を認めれば、首が飛ぶのはキャリアの県警本部長以下、隠ぺいなどに関わった幹部たち。本当に「一線を越えた」り、「職責や倫理感が欠如」しているのは、警官不祥事を隠すため、被害者そっちのけで不正に走った野川本部長以下の幹部たちだろう。

個人情報の重要性は、警察官なら当然分かっているはず。しかし、それを理解した上で内部告発しなければならない「組織の腐敗」があったという点を、県議会は改めて追及すべきだ。

（二）については、言い訳がお粗末すぎて話にならない。問題となっている「刑事企画課だより」で、警察・検察にとって都合の悪い証拠の廃棄を促したことへの反省は皆無。一連の警官不祥事における幹部指示による隠ぺいを、県警本部や幹部の指示が伝わらなかったという話にすり替え、幹部らの身の安全を図ろうとする卑劣な主張である。

一つひとつの事件について、なぜ隠ぺいや証拠隠滅が行われたのか、なぜ内部告発のあとでゾロゾロと真実が出てくるのかを明確にしない限り、本当の再発防止にはつながらない。県警側の幼稚な言い訳を前提とした「再発防止策」は、努力目標にすらならない。県民が求めているのは、警察一家ではなく県民を守る組織なのだ。

県議会総務警察委員会、自民議員と県警の茶番（2024・8・1）

続発する鹿児島県警の不祥事を受け、今月一九日に開かれた鹿児島県議会総務警察委員会。質問のトップバッターとなった自民党の鶴薗真佐彦県議会議員と県警が、〝事前の答え合わせ〟をうかがわせる質疑を展開した。報道されてきた複数の警官不祥事について一つひとつ尋ね、それに対する県警側の答弁内容に理解を示す鶴薗県議——。腐敗組織の主張を既成事実化することに狙いがあったとみられてもおかしくない茶番劇だった。

とりわけ、二〇二一年秋に起きた鹿児島県医師会の男性職員による強制性交事件に関する質疑は、被害を訴えてきた女性に対する侮辱以外の何ものでもない。

県警の主張、丸呑み容認

鶴薗県議が質問したのは以下の項目についてだ。

- 野川明輝県警本部長による隠ぺい指示が疑われている枕崎署員による盗撮事件
- 報道機関であるハンターに対する家宅捜索の問題

・捜査当局にとって都合の悪い文書の廃棄を促した「刑事企画課だより」の問題
・立件されなかった、霧島署員による巡回連絡簿を悪用したストーカー事案
・現職警視による超過勤務手当の詐取
・県医師会の男性職員による強制性交事件
・県警によって証拠隠滅が行われた、霧島署員によるクリーニング店の女性従業員に対するストーカー事件

いずれも、野川本部長による隠ぺい指示や、組織ぐるみの不当捜査が疑われる事案。ハンターだけでなく、複数のメディアに指摘されてきた「県警の闇」に関するものばかりだ。それらの質問に対する県警側の答弁は、すべてこれまでの会見などで主張してきた〝卑劣な言い訳〟の繰り返しとなった。

野川本部長や組織の不正を頭から否定し、警察官による犯罪行為を矮小化するなどして批判をかわそうとする幼稚な内容。内部告発者はもちろん、県警を批判する報道も許さないという、歪んだ組織の強い意志が示された。当然、事件被害者への配慮は皆無。いまも苦しむ関係者に、質疑を通して二次被害を与えた形となっている。

これに対し、質問した鶴薗氏は子供でさえ信じないであろう県警側の言い訳を、「わかりました」などと一々納得した上で次の答えを促すという二文芝居。その場で初めて出てきたはずの答弁を受けての感想さえも、事前に用意されていた「原稿」を読み上げるという展開だった。自民党のトップバッター鶴薗氏は、県警の主張に疑問を呈するどころか、丸呑みして免罪符を与えるがごとき姿勢に終始した。本稿ではすべてを紹介できないが、詳しいやり取りを知った県民の多くは呆れることだろう。

質疑で露呈した県警と県議の本音

ハンターが報じてきた内部告発は三件。不当捜査の証拠となった「告訴・告発事件処理簿一覧表」、「闇をあばいてください」で始まる隠ぺいの実態を明かした文書、「〇〇先輩へ」と記されたストーカー事件の不当性を指摘する文書――。こうした内部告発の発端となったのが県医師会の男性職員による強制性交事件だったことは何度も述べてきた。鶴薗県議はその件に関する質問も行ったのだが、県警側の答えと質問者の発言から、言い逃れする捜査当局の汚さと性被害に対する無理解が歴然となる。「一部を切り取った」と反論されないよう、強制性交事件に関する質疑のすべてを以下に示す。

鶴薗県議　元巡査長がおかしかったと言っているこの性犯罪事件ではですね、報道各社それぞれ扱いが違うんで

すけれども、一部の報道では告訴相談で受け渋りがあったようなことがあって、事件捜査にも時間がかかり過ぎたという指摘もありますが、この点も含めて性犯罪事件の概要をちょっと教えていただけませんか。

竹中刑事企画課長　お答えいたします。まず、告訴状によりますと、告訴人の女性は令和三年九月頃、鹿児島県内の宿泊療養施設内で、被告訴人から複数回、性的暴行を受けたとされている事案でございます。

本件に係る捜査員と告訴人とのやりとりにつきましては、告訴状の写しを一旦警察側で預かったものの、警察署内の連携不足から、相談の当日に被害者に当該写しを返却していることが事実であります。被害者が受け渋りととらえても仕方のない対応であり、批判については、真摯に受けとめ、今後の反省、教訓としたいと考えております。

その上で、一般論として申し上げますと、性犯罪に関する被害の届出がなされた場合は、被害者の立場に立ってこれに対応すべきであり、その対応においては例えば警察が被害届の受理を渋っているのではないかなどと受けとめられることのないよう、県警察では被害者の心情に配慮するよう指導しているところでございます。

また、事件捜査に時間がかかり過ぎとのご指摘につきまして、県警察では、告訴を受理した際、速やかに所要の捜査を遂げて検察庁に送付するよう指導しているところでございます。

他方で、一般論として申し上げますと、性犯罪事件の捜査につきまして、例えば、密室での行為であれば、被害者及び被疑者からその前後関係を含めて詳しく事情を聴取する必要があるほか、被害者と被疑者の関係性、被疑者の認識動機をはじめとする捜査項目が多岐にわたり、捜査事項によっては第三者からの協力も得る必要が生じてくるなど、一定期間、時間を要する場合もあることをご理解いただきたいと思います。以上でございます。

鶴薗県議　この種の事件は、私もＯＢの仲間の人たちと話をすれば、男女間のいろんな問題、この種の事件は結構多いんだけども、今説明があったように、立件というところまでは、途中でお互いのあれが済んだりして、なかなかという部分を聞きましたので理解してますが、ただ、受け渋りについてはですね、報道によると、他にも鹿児島南署の詐欺事件の件が問題だとされております。

（以下、省略）

まず、この質疑で明らかになったのは、次の三点である。

（一）県警が「受け渋り」という言葉を使って、強制性交事件の初動で起きた被害者に対する「門前払い」を初めて認めた。

（二）告訴状の写しをとりながら、なぜかそれを被害者に渡していた。

（三）鶴薗県議が、性被害の訴えが立件されないことに理解を示した。

県警の主張の組み立ては、問題の矮小化、あるいはごまかしを狙うためのものだ。受け渋りや捜査の停滞について指摘されたことを一応認めた上で、「一般論」を持ち出して事実上の反論をするという手法である。

「一般的には、こういうやり方をするものだが、今回は違う方法をとってしまった」という言い方と、「こういうことを言われているが、一般的にはこうやるんだ」では、受け止め方がまるで違ってくる。県警の言い分は、後者の手法によるもの。何の反省もなく、自己都合でルール違反や違法性を否定したと言っても過言ではあるまい。

県警の答弁以上に問題なのは、鶴薗氏の「男女間のいろんな問題、この種の事件は結構多いんだけども、今説明があったように、立件というところまでは、途中でお互いのあれが済んだりして、なかなかという部分を聞きましたので理解してます」という発言だ。

「OBの仲間の人たち」が県警のOBなのか県議のOBなのか判然としないが、鶴薗氏は、その連中から聞いた話によって「この種の事件は結構多い」「立件というところまでは、途中でお互いのあれが済んだりして、なかなか」という認識を持つに至ったようだ。個人としてどう考えようが勝手だが、政治家としていかがなものだろう。強制性交（現在は「不同意性交」）などの事件が多いことを問題視するどころか、〝立件がなかなか難しい〟ことを〝理解してます〟というのだから、救いようがない。「こんなことではいけない！」という趣旨の発言が一切ないところに、この議員の心底が透けて見える。性被害撲滅には関心がないということだ。そもそも、「途中で」「済んだ」という「お互いのあれ」とは何なのか？

県医師会の男性職員による強制性交事件では、告訴状を提出しに出向いた被害女性を、窓口になった鹿児島中央署が「門前払い」にしたことが明らかになっている。県警や鶴薗氏ははそのことを「受け渋り」という言葉でごまかしたが、渋ったのではなく、完全拒否だったことは確か。だいたい、「渋る」というのは、いやいやながらでも行為を行った時につかう言葉で、受け取っていない以上「受け渋り」とは言えまい。日本語の使い方を間違っている。

このお粗末なやり取りの中でハンターが最も注目したのは、県警側が明かした「告訴状の写しを一旦警察側で預かったものの、警察署内の連携不足から、相談の当日に被害者に当該写しを返却」したとする発言だ。「連携不足」で思い起こされるのは、枕崎署員による盗撮事件。実際には隠ぺい指示によるものだったにもかかわらず、「連携ミス」で捜査が遅れたとして片付けたのと同じ逃げ方だ。

しかし、狭い警察署内で連携不足が起きるわけがない。その日の状況を克明に追えば、県警の議会答弁がいかに都合よく脚色されたものなのか分かる。次稿では、被害女性が残していた記録を基に、県警による「門前払い」の真相を明らかにする。

強制性交事件に新事実、中央署「門前払い」の真相
（2024・8・2）

鹿児島県警の不正疑惑を受け、今月一九日に開かれた鹿児島県議会総務警察委員会で質問に立った自民党の鶴薗真佐彦県議会議員と県警が、事前の打ち合わせを確信させる質疑で茶番劇を演じた。

狙いが腐敗組織の身勝手な主張を既成事実化することにあったのは間違いないが、その中でハンターが注目したのは、二〇二一年秋に起きた鹿児島県医師会の男性職員による強制性交事件に関する質疑だった。訴え出た被害女性を〝門前払い〟したことを「受け渋り」という表現でごまかした県議と県警――。改めて被害女性側に確認したところ〝門前払い〟を巡る新事実が判明、実態は考えていた以上に酷いものだった。

告訴断念を強要

県議会質疑で県警は、「告訴状の写しを一旦警察側で預かったものの、警察署内の連携不足から、相談の当日に被害者に当該写しを返却（した）」と説明した。しかし、狭い警察署内、しかも応対した強行犯係という少ない人数でのやり取りだ。連携不足が起きるわけがない。ハンターは、これまでの調べで得ていた当日の様子と被害女性側への再取材で、〝門前払い〟の真相を確認した。

被害女性が告訴状提出のため鹿児島中央署を訪ねたのは二〇二二年一月七日一三時。弁護士が同行したが、中央署は聴取への立ち合いを認めず、被害女性が一人で警察官と向き合うことになった。

応対したのはマエゾノと名乗る女性警察官で、名刺ももらえなかったという。

聴取が四時間近くに及んだため弁護士は中央署を後にせざ

るを得なかったといい、被害女性は誰からも助けをもらえない状況で、マエゾノ刑事と対した。

時間がかかったのは、マエゾノという警察官が、〝訴えを聞くフリ〟をしながら、告訴を断念するようしつこく迫ったため。しかし、覚悟を決めて告訴状提出に踏み切った以上、被害女性も引くことはできない。彼女はそのやり取りの一部始終を、警察官の目の前で克明に記録していた。そのメモの記述に沿って、当日のやり取りを再現する。

聴取したのは、最初から最後までマエゾノ刑事（被害女性のメモの表現）一人だけ。赤（ピンク）の表紙のA5サイズくらいのノートに聴取内容を書き留めていたが、とても雑な書きぶりで、途中からはノートを開くことさえしなかった。初めから告訴状を受理するつもりがなかったのは確かで、このあと、信じられないやり取りが続く。

これまで本サイトは、配信記事の中で「組織ぐるみでもみ消しを図った」と何度も述べてきた。マエゾノ刑事が自分だけの判断で告訴受理を拒んだのではないということが分かっていたからだ。被害女性のメモ書きによれば、マエゾノ刑事は、ほぼ三〇分おきに「上司に確認してきます」と言って離席し、戻る度に別の理由を挙げて告訴状受理が困難であり、事件として立件できない旨を申し向けていた。メモに残された「立件できない理由」は、以下の九点である。

・時間が経ち過ぎている。本当に嫌な思いをしたなら、最初の時点で警察に連絡しないといけない。なぜこんなに時間が経ってから警察に来たのか。
・加害者が書いた「罪状」という手書き文書やお詫びの手紙などは、加害者が書いたという証拠がない。また加害者が書いたという手紙や「罪状」には具体性がなく、これも証拠にならない
・被害者の「やられた」という記憶しかない。
・防犯カメラの映像もない。
・被害届を出して現場検証したとしても時間も労力もかかるので大変。
・検事が判断する材料がない。
・被害者にとって精神的にも労力的にも大変。
・任意捜査になるので加害者を呼ぶことができない。加害者の事情聴取は、加害者が出頭しない限り無理。
・相手が出頭していない。

相手が素人で、弁護士からも引き離していることを幸いに、よくもまあこれだけ被害者を打ちのめすような話ができたものだ。驚くべきは、告訴状を受理できないデタラメな理由を

並べ立てたマエゾノ刑事が、何度も発したという次の言葉である。

「私も性被害に遭ったことがあり、それをなくすために警察官になった」

分かりやすいおためごかしだったのは明らかで、この言葉の後には「立件できない」という結論が続いた。性被害をなくすために警官になったのなら、被害女性に寄り添った聴取をするはずだが、マエゾノ刑事のやったことは真逆。聴取中、性被害が複数回だったことをあげつらい、虚偽告訴だと言わんばかりの発言まで行っていた。

よほど厚い面の皮なのだろう、マエゾノ刑事は被害女性のメモを指さし、「そのメモの最後に、警察は市民の味方、弱い者の味方ですと書いて下さい」と二度も迫ったという。被害女性が「書いてほしければ自分で書いたらどうですか」と言い返したのは言うまでもない。

マエゾノ刑事の暴走は終わらなかった。聴取の終盤で被害女性に求めてきたのは、「またここに来ますか？」「告訴状は出さないということでいいですね！」という確認。被害女性は「告訴状は出します」と断言して部屋を出ようとしたところ、その受理を頑として拒んでいたマエゾノ刑事が、告訴状と添付の陳述書をコピーさせてくれと言い出した。当然コピーを許したが、その後の展開が再び被害女性を呆れさせることになる。

告訴状コピー、駐車場で無理やり押し付け

中央警察署を出た被害女性は、告訴状不受理の顛末を知らせようと同署の駐車場で弁護士にショートメールを打っていた。そこに走り寄ってきたのは一人の男性とマエゾノ刑事。二人の様子から、男性がマエゾノ刑事の上司だとすぐに判断できたという。コンコンと車の窓をたたく男性警察官。窓を開けたとたん、男性警察官は「これ（告訴状のコピー）を返し忘れていました。これはこちらでは受け取れません」と言って告訴状の写しを差し入れてきた。訝しそうに男性を見上げた被害女性に対し、こう告げてきたという。

「コピーをさせていただいたのですが、上司に報告したところコピーも受け取れないとのことだったので。お返しします」

本来、告訴状や告発状は、書類上の不備さえなければ、その場で受理すべきもの。しかし現行では、警察が告訴・告発の相談を受けた際、いったんコピーをとって預かり、その後に受理するかどうかの連絡をしてくるのが一般的な対応となっている。被害者に頼んで告訴状のコピーをとらせてもらっておきながら、それをすぐに突き返すという話は聞いたことがない。「返し忘れていました」と「連携不足」も結び

付かない。

異常な対応は、組織的に事件をなかったことにしようとした「もみ消し」の証拠だろう。県警は、県議会でそれを「受け渋り」「連携不足」という言葉でごまかしただけなのだ。実態は受け渋りなどではなく、完全拒否だった。被害女性は、この日の〝門前払い〟についてこう振り返る。

「警察官は自分達のことを「正義」だと思っているので、口調にしても何にしても上からで、被害に苦しむ私にとってはかなり辛い出来事でした」

門前払いや不当捜査によって「警察一家」を守ったつもりだろうが、検察が不起訴にしようが、県警がどう言い訳しようが、真実は一つ。「この捜査はおかしい」として内部告発が行われたことを忘れてはなるまい。

被害女性の代理人弁護士は、次のように話している。

「県警は、告訴状を受け取らなかったことについて〝受け渋り〟ととらえられても仕方のないものであったとしていますが、その実態は〝受け渋り〟といった控えめなものではなく、告訴を受けることを強く拒絶されたというものであったと聞いています。

県警は、県議会の質疑において、告訴状の写しさえも被害女性本人に返したことを認め、そのことについて警察署内の連携不足から生じたことと説明しています。これは、告訴を受けず、その写しを返却した当時の県警の対応について、連携不足から生じた誤りであったと弁明する趣旨のものと理解できますが、連携不足で告訴を諦めさせてしまったら、犯罪者が野放しになってしまうのであって、連携不足などという言葉で片付けられるものではありません。

また、被害女性はこの時のことについて、事情聴取が終わって警察署を離れようとしたときに、事情聴取を担当した警察官とその上司と思しきもう一人の警察官が追いかけてきて「署内の連携不足で申し訳ないのですが、これは受け取れません」と言われて告訴状の写しを強制的に返されたと言っています。二人の警察官が、一旦は受け取った告訴状の写しを、事情聴取後に帰路についている被害女性を追いかけてまでわざわざ返しているのですから、〝連携不足〟で誤って返すことになったとは考えにくいと思います。むしろ警察内部で〝この件は告訴状の写しさえも受け取ったという痕跡を残すべきではない〟という指揮がなされて、受け取った告訴状の写しを返すことになったと考える方が腑に落ちますし、「連携不足で申し訳ないのですが、これは受け取れません」という警察官の言葉とも符合します。

最後に、先の県警の説明は〝警察上層部が間違った指揮をしたのではなく、現場の警察官が間違った判断をして受け取らなかったのだ〟という意味にも受け取れますが、責任を現場に押し付けることをすればするほど、警察に対する信頼が失われていくのを理解していただきたいと思います」

霧島ストーカー事件に「志布志事件」の影（2024・8・5）

鹿児島県警の本田尚志元生活安全部長が北海道のジャーナリスト・小笠原淳氏に送った内部告発には、霧島署の署員によるストーカー事件が「二件」起きていたことを示唆する文言があった。一件は捜査状況が詳しく記されており、同署地域課所属で駐在所に勤務していた三〇代の男性巡査長（当時）が、巡回連絡簿を利用して取得した個人情報をもとに悪質なストーカー行為を行なっていたというもの。もう一件は、昨年二月に霧島市で起きたクリーニング店で働く二〇代の女性に対する霧島署巡査部長のストーカー事件で、ハンターの取材によって、いったん作成された「苦情・相談等事案処理票」のデータが消去されたり、犯行の具体的な証拠となる防犯カメラの映像が消されたりするなどして犯罪の具体的な証拠が闇に葬られていたことが分かっている。

前者は被害女性が立件を望まなかったという理由で、後者は証拠隠滅により事件そのものがもみ消された形となっているが、二件のストーカー事件には当時の霧島署長、副署長、警務課長とともに、本部長指揮となったため両事件を担当した県警本部の「人身安全・少年課」が深く関わっていた。同課の課長から霧島署の署長へと出世したのは障子田穂積氏。彼こそ、ありもしない選挙違反を捏造して鹿児島県警の名を全国に知らしめた「志布志事件」で、「たたき割り」と呼ばれる違法な捜査手法をもって地域住民を奈落の底に突き落とした警官の一人だったことが分かった。志布志事件の関係者からは、県警に対する厳しい批判の声が上がっている。

志布志事件

警察が犯した〝事件のでっち上げ〟として、戦後最悪の事例に挙げられるのが志布志事件だ。二〇〇三年、鹿児島県警はその年の四月に行われた鹿児島県議会議員選挙曽於郡選挙区で当選した中山信一氏や地域住民ら一五人を公職選挙法違反の疑いで逮捕、そのうち一三人が起訴され、のちに死亡した一人を除く一二人全員が無罪判決を受けている。

逮捕容疑となったのは会合における現金買収や、焼酎・現金の供与。いずれも県警がでっち上げたもので、捜査過程では、ありもしない出来事を供述させるため、〝たたき割り〟と称される非人道的な取り調べを行っていた。〝たたき割り〟とは、脅しや暴力によって精神的に追い詰め、自白を強要する捜査手法。違法であることは言うまでもない。

〝たたき割り〟の手法として全国的に報道された「踏み字事件」で、県警の浜田という警部補（当時）は、容疑者と決めつけたホテル経営者・川畑幸男さんに対し、父親や孫の名前と「こんな人間に育てた覚えはない」「正直になって下さい」などと記した紙を、力づくで踏ませるという違法な取り調べを強行。当日の取り調べは、朝の七時過ぎから夜一一時過ぎまで続けられ、トイレにも行かせないという理不尽なものだった。浜田警部補は、「水を飲ませて下さい」と頼んだ川畑さんに対し、「白状したら飲ませてやる」と凄んだという。

一連の違法捜査が行われる中、別の婦人が、「陣営関係者から現金二万円と焼酎二本をもらった」とする嘘の自白を強要される。その婦人の供述内容に変化があったことに腹を立てた県警のある取調官は、婦人を志布志署関谷口交番において強圧的な取り調べを実行。「俺が今言ったことをおらべ！（おらべ＝叫べの意）」と迫り、交番の格子窓から外に向けて「私は選挙で焼酎二本とおカネ二万円をもらいました」と絶叫させた。狂気に満ちたこの件を、関係者は「おらばせ事件」と呼ぶ。

「たたき割り」実行者、隠ぺい捜査に関与か

実は、このおらばせ事件で関谷口交番に無実の女性を連れ込み「たたき割り」を行っていたのが当時警部補（事件関係者の記憶による）として捜査にあたっていた障子田穂積氏だったといい、ハンターの取材に応じた複数の「たたき割り」被害者が「間違いない」として事実関係を認めている。

その障子田氏の前職は県警本部生活安全部人身安全・少年課長。ストーカー事件を担当する部署の実務責任者だった。ここで、人身安全・少年課が捜査にあたった霧島署員による二件のストーカー事件を振り返っておきたい。

本田元部長が告発文書に記した霧島署員によるストーカー事件は、県民の信頼があってはじめて作成が可能となる「巡回連絡簿」を悪用した極めてタチの悪い犯罪だ。事件発覚は昨年一二月。被害女性の処罰感情が強かったにもかかわらず、犯人の上司である霧島署員と本部生活安全部人身安全・少年課の警察官らが被害者側に捜査過程などを説明。最終的に被害者は、「事件化を望まない」という選択をしていた。ハンターは、「説明」ではなく「説得」だった可能性が高いとみている。

もう一件のストーカー事件が起きたのは昨年の二月。霧島市内のクリーニング店で働いていた二〇代の女性に、同署の警察官がつきまとった挙句に自分の名刺を無理やり渡し、しつこく個人情報を聞き出すなどして相手に恐怖心を抱かせた。女性は別の署の現職警官にアドバイスをもらい霧島署に相談したが、同署はいったん作成した「苦情・相談処理票」のデータを削除したり、犯人が映っていたはずの防犯カメラ映像をなかったことにしたりして証拠を隠滅。県警は具体的な証拠を消し去ることで事件を矮小化し、不起訴に持ち込んでいた。二つのストーカー事案は、ともに警官の非違行為であることから「本部長指揮」。捜査を担当したのが本部生活安全部の人身安全・少年課だった。

本部長指揮である以上、二件のストーカー事件で隠ぺいの指示ができたのは県警トップの野川明輝氏ただ一人。その指示のもと、動いたのが人身安全・少年課と霧島署の幹部だったということになる。

論功行賞ということなのか、人身安全・少年課の課長を務めていた人物は、今年春の異動で霧島署の署長に就任。その新署長こそ、志布志事件で捜査に加わり、前述の「**おらばせ事件**」で〝たたき割り〟を行ったという障子田穂積氏である。〝たたき割り〟で鹿児島県警の悪徳ぶりを世に知らしめた警官が、ストーカーや虐待事案の対策を行う人身安全・少年課の責任者だったというのだからブラックユーモアと言うしかない。志布志事件から二一年、今度は本部長の指示を受け、二件のストーカー事件の隠ぺいに加担した疑いさえある障子田氏が、地域の安全安心を担う警察署の署長にまで出世したのだから、鹿児島県警の悪しき体質を象徴する人事と言えるだろう。

志布志事件の被害者から怒りの声

県民や志布志事件の関係者を愚弄するような県警の姿勢に対し、「踏み字」の被害者となった川畑幸男さんが、怒りをにじませながらこう語る。

「志布志事件を受けて県警は良くなるものと考えていましたが、その頃より悪くなっています。県警トップに隠ぺい指示の疑いが出ているのですから、極めて深刻な事態だと思います。私はたたき割りで「踏み字」をやらされた挙句、逮捕までされましたが、消防団長だったHさんの奥さんは関谷口交番で障子田に脅され、やってもいないのに、人がいる道路に向けて「焼酎二本と現金二万円をもらいました!」と何度もおらばせられたんです。いずれも人間のやることじゃないです。そんな犯罪行為をやった人が、警察署長として県民の安全安心を守れるはずがありません。かつて犯罪をでっち上げた鹿児島県警が、今度は身内の警察官による卑劣な犯行をもみ消した上に、内部告発した正義の警察官を逮捕して悪者に仕立て上げた。志布志事件の反省など、かけらもなかったということでしょう。絶対に許してはならないことです」

志布志事件弁護団の事務局長だった野平康博弁護士は、「**おらばせ事件**」の担当調べ官が障子田霧島署長であると認めた上で、次のように話している。

「いま問題になっている鹿児島県警の警察官による盗撮やストーカーといった犯罪行為は、いずれも本部長指揮となったもの。選挙違反をでっち上げた志布志事件も本部長指揮だった。志布志事件では、具体的な証拠がないまま虚偽の証言のみに頼って立件し、その過程で踏み字に象徴される「たたき割り」という手法をとった。権力の濫用があったのは間違いない。

一方、今回の問題では具体的な証拠があるにもかかわらず、おそらく本部長の指示で捜査が止まり、ことによっては隠蔽されていた可能性さえある。具体的な証拠があったわけだから、犯罪防止のためにも速やかな捜査がなされるべきだった。しかし、そうはならなかった。これも違った意味での権力の濫用だ。いずれの件でも、不適切かつ違法な捜査が行われており、改めて、報道機関によるきちんとしたチェックの必要性を感じる。志布志事件の時も、最初は報道機関の動きがなく、警察発表だけが垂れ流された。現在の報道機関の姿勢はどうなのか、警察に対する監視を怠ってはいないか、そのことについても議論するべきだ」

論功行賞

ところで人事といえば、霧島署員による二件のストーカー事件の隠ぺいに関わった疑いのある幹部警察官たちは、今年春の異動で揃って昇進や出世を遂げている。

二件ものストーカー事件発生を許した上で証拠隠滅などの指示を出した可能性のある前霧島署長の南茂昭氏は県警本部生活安全部長に、前述したように本部の人身安全・少年課長だった「たたき割り」の障子田穂積氏は、ストーカー事件でかかわった霧島署の署長になっている。

特に南氏については、「警視」が署長のB級署といわれる霧島署から、いきなり「警視正」に昇進して生活安全部長に就任。通常はA級署を経て就く地元出身警察官の最高ポストに抜擢されており、同氏の「二階級特進」に納得のいかない県警関係者は少なくないという。

また、いったん作成したストーカー事案の「苦情・相談等事案処理票」を翌朝までに消去した疑いのある霧島署の海江田真警務課長は、今年三月に「口頭厳重注意」というわけの分からない〝処分〟を下されながら、A級署である鹿児島中央署の警務課長に栄転している。

一連の不可解な人事を差配できるのは、本部長しかいないと思うが……。

〝隠ぺい疑惑〟の幕引きは許されない（2024．8・6）

真実に蓋をしようとする警察組織の暴走が止まらない。鹿児島県警が今月二日に開いた定例会見で公表した「再発防止策」の前提は、いくつもの疑惑に対する根拠のない否定と開き直り。事件の隠ぺいを認めることのできない警察庁が、周到に用意したシナリオに沿ったものだった。

県警内部で歴代最低といわれるキャリア本部長の立場と警察組織の体面を守るため、地元のたたき上げ職員に責任を押し付ける形で幕引きを図ろうとする警察庁。しかし、人相も目つきも態度も悪い県警幹部たちが会見で述べた説明には、早くも綻びが見えている。

「隠ぺい否定」を前提の警察庁によるシナリオ

六月五日、情報漏洩を行ったとして国家公務員法違反の疑いで逮捕された本田尚志元生活安全部長が、勾留開示請求の法廷で野川明輝本部長による事件の隠ぺい指示を暴露。北海道のジャーナリスト・小笠原淳氏に送った文書が、内部通報だったことを示唆した。警察庁はその直後から、自らの権威を守るため周到に事を進めてきた。

翌六日の会見で本田氏の逮捕容疑について説明した同庁の露木康浩長官は、県警への監察実施を表明するとともに、本田氏の内部告発文書に「**県警の他の部長の名前**や住所、電話番号などが問い合わせ先として記載されていた」と発言。地元メディアが、この「**他の部長の名前**」に飛びつくよう仕向けた。

愚かな地元メディアの一部は、警察側から「別の部長の名前」を入手。その行為自体が情報漏洩によるものであることを証明する「捜査関係者によれば」という文言を入れて、告発文書に記されていたのが元刑事部長だったことを報道した。そうした記事が本部長による隠ぺい指示の可能性を薄める結果につながったのは確かだ。

その直後、「隠ぺいを指示する**意図はなかった**」などとあやふやな発言でごまかしていた野川本部長が、「隠ぺいの指示はしてない」と前言を修正。本田元部長の行為は組織の不正を通報する「公益通報」ではないという見解を打ち出す。

警察庁が鹿児島県警に対する「特別監察」を実施するとして首席監察官らを送り込んだのが六月二四日。おかしなことに、これから監察を実施しようとするその時点で、「客観的に見て、本部長による隠蔽の指示はなかったことが明らか」という結論を出し、野川本部長を「長官訓戒」に付したしたことを公表していた。次が警察庁発出のコメントである。

令和六年六月二四日
警　察　庁
鹿児島県警察に対する監察の実施に関する警察庁コメント
鹿児島県警察の前生活安全部長が勾留理由開示の手続きの中で述べた、本部長が犯罪を隠蔽しようとしたとの主張については、鹿児島県警察による調査に加え、警察庁においても本部長から事実関係を聴取するなど必要な調査を行った結果、客観的に見て、本部長による隠蔽の指示はなかったことが明らかである一方で、迅速的確に行われなければならないという捜査の基本に欠けるところがあったことが判明したことから、先般、本部長を警察庁長官訓戒とするなど、必要な処分を行いました。
その上で、鹿児島県警察では、これまでに発生した一連の非違事案の原因を分析し、それを踏まえた、より抜本的かつ網羅的な再発防止対策を実施することとしているところでありますが、警察庁としても、これらの取り組みが確実に実施されることが、警察に対する信頼回復のために極めて重要であると考えております。
そこで、本日から、警察庁による業務監察を実施し、鹿児島県警察におけるこれらの取り組みをきめ細かく指導することとしております。鹿児島県警察におけるこれらの取り組みがスピード感を持ってしっかりと行われるよう、明日以降も、警察庁の担当者を常駐させ、引き続き、厳正な業務監察を実施してまいります。

「本部長による隠蔽の指示はなかった」「本部長を警察庁長官訓戒とする」という結論を出した後で、一体何に対する監察を行ったのか。〝結論ありき〟では、監察自体がキャリア警察官を守り、地元たたき上げを罪に落とすためのパフォーマンスだったと見られても仕方があるまい。

そもそも、「訓戒」は「懲戒」に至らない監督上の措置という軽い処分。「特別監察」は野川本部長への責任追及を回避し、世間の目をくらますための道具立てだった。これで幕引きになると考えているとしたら、この国の警察組織は国民感情から大きくズレていると言わざるを得ない。

見逃せない強制性交事件の不当捜査

県警は、これまでの会見や県議会総務警察委員会での質疑を通じて、二件の事件についてハンターが指摘してきたことの一部を認めている。

まず県警は、今月一九日の県議会総務警察委員会で、二〇二一年に起きた鹿児島県医師会の男性職員による強制性交事件について、鹿児島中央署が被害女性の告訴状提出を「門前払い」したことを「受け渋り」という言葉で認め、告訴状の写しをもらいながら同日に返したことも明らかにしている。県警は「今後の反省、教訓にする」と述べているが、被害女性側には間違った対応だったことについて何の報告も謝罪もしていない。不当捜査の結果、事件が不起訴になったことへの「反省」も、まったく感じられない。一体、何をどう反省しているというのか？

問題の強制性交事件では、事件が表面化する前に男性職員が警察官だった父親と共に鹿児島中央署を訪問、「合意の上での性行為」と申し立て、警察側から「事件性なし」というお墨付きをもらっていたことが分かっている。男性職員側のこうした動きについては、六月二七日に鹿児島医師会が開いた記者会見で、同会の顧問弁護士が「男性職員から報告を受けた」と認める発言を行った。しかし、県警が県議会質疑や定例会見などで「お墨付き」について触れたことはなく、沈黙する姿勢を続けている。本当に反省しているというなら、検察審査会に出向いて「不当な捜査に基づき送検しました」と申告すべきだろう。

霧島ストーカー事件で問われる送検の正当性

県議会質疑と二日の定例会見で県警の迷走が明らかになったのは、クリーニング店の元女性従業員に対する霧島署員のストーカー事件についての説明だ。県公安委員会を通じた県警のそれまでの公式見解は、「防犯カメラなどの関係資料を精査しましたが、二月二〇日から少なくとも三月三日までの間、当該署員が、勤務先及びその直近の駐車場に接近した客観的な証拠は認められませんでした」というもの。しかし、先月一九日の県議会で県警は、突然「一八、一九日の防犯カメラ映像には問題の巡査部長の車が映っており、静止画として残したが、あとの画像は消去した」と答弁。さらに今月二日の定例会見では、〝犯人の目撃情報が二月二五日だったので確認したところ無かった。二三日の間違いだったとわかり映像を再確認しようとしたが、その時には映像が消去されていた〟――という子供じみた説明に変わる。

犯人を目撃したのは現職の警察官（当時）だ。当初の「二月二五日」が誤りだと気付き「二三日」と訂正したのは二～三日後だったという。だが、霧島署が防犯カメラ映像の確認に動いたのは、被害女性による相談から一カ月も過ぎた時点。県警の説明は辻褄が合わない。日付の訂正が行われた直後に防犯カメラ映像の確認に動いていれば、証拠の画像が残っていた可能性が高い。あるいは、犯人が映り込んだ画像は存在したが、隠ぺいのために消去したかだ。

いずれにせよ、二月一八日と一九日の防犯カメラ映像に、犯人の車なり人物が映っていたのは確か。しかし、今回ハンターや西日本新聞が当該事件を掘り起こすまで、県警はその事実を隠したままだった。現在まで被害女性に対する説明や謝罪は皆無。いつ、どのような形で説明し、謝罪を行うというのだろう。まさか「会見で謝って終わり」ということではあるまいが……。

野川本部長は会見で、「防犯カメラの映像は消したが送検したから問題ない」と強弁した。だが、犯行を裏付ける具体的な証拠となる映像を隠滅して事件送致したとすれば、検察官が正しい判断を下せるわけがない。映像を消したのが事実なら、証拠隠滅、犯人隠避に問われてもおかしくない事態だ。犯行そのものの隠ぺいを指示したのが本部長だとすれば、警察が捕まえなければならないのは野川氏だろう。

噴飯ものの改革案

それにしても、会見に臨んだ県警幹部たちの目つきの悪さやふてくされた態度はどうか。質問する記者団を睨みつけ、時に居丈高に言葉を発する幹部の姿からは「反省」や「正義」を感じ取ることはできなかった。態度の悪さは、世間を舐めている証拠だろう。再発防止策を策定したというが、それは証拠隠滅や隠ぺい指示という県警が裏でやってきた悪事を前提としたものではない。組織防衛のため勝手にそうと決めつけた「情報漏洩」や、内部告発と報道によって露見したハレンチ事案についての、いわばみせかけの対策でしかない。真実を前提としない再発防止策に期待する県民は皆無に近いのではないだろうか。

笑ってしまったのは、県警改革の一環として警部補以下の研究会だか委員会だかを設置し、本部長に直接届ける仕組みを作るという案だ。風通しを良くするという意味なのかもしれないが、悪いことをしているのが本部長本人であった場合、「はい、そうですか。承知しました」となるはずがない。

泥棒の子分に「悪いことはするな」と諫言され、「分かった、もうしない」と答える泥棒の親玉などいないだろう。この例えの泥棒は、もちろん「税金どろぼう」のそれである。

■編者紹介

ニュースサイト ハンター

福岡市を拠点に政治、行政に特化した記事を配信するニュースサイト。調査報道を志向する代表の中願寺純則が2011年に立ち上げ、「報道は権力に対する番犬たれ」という信条を掲げ、3,600件以上の記事を送り出してきた。

弱者に寄り添う姿勢は一貫しており、地元メディアが手を出そうとしない問題を緻密な取材で記事化する。

ここ数年は、不当な捜査で何人もの女性被害者を苦しめてきた鹿児島県警や、人権を無視して暴走する県医師会、背後に反社勢力がついた筑豊地区の首長などを厳しく追及してきた。

その反動で2024年4月、公益通報を単なる情報漏洩にすり替えようとした鹿児島県警にいわれのない家宅捜索を受けるという事態となり、全国の注目を集める格好となっている。

追跡・鹿児島県警　闇を暴け！

二〇二四年十月十日　第一刷発行

編　者　ニュースサイト ハンター
発行者　向原祥隆
発行所　株式会社南方新社
〒八九二―〇八七三
鹿児島市下田町二九二―一
電話〇九九―二四八―五四五五
e-mail info@nanpou.com
振替口座〇二〇七〇―三―二七九二九

印刷製本　シナノ書籍印刷株式会社
定価はカバーに印刷しています
乱丁・落丁はお取替えします
ISBN978-4-86124-527-5 C0036